제2의 직업

제2의 직업

또 다른 시작을 위한 생애 두 번째 일자리 찾기 프로젝트

· 신상진 지음 ·

FIND A
SECOND
JOB

한스미디어

새로운 인생, 새로운 비전을 만드는
두 번째 직업을 찾아서

새 천 년이 시작된 지 20년이 지나고 있다. 하지만 대한민국의 고용시장에는 어두운 소식밖에 들리지 않는다. 점점 고착화되는 양상을 보이는 일자리 문제는 청년, 여성, 중장년 등 연령이나 대상을 구분하지 않는 것이 특징이다. 부의 양극화가 심화되면서 더 나은 일자리를 원하는 사람들은 늘어난 반면에 경제성장이 장기적으로 둔화되는 추세이고 날로 치열해지는 글로벌 경쟁, 자동화 기술의 발달 등으로 인해 양질의 일자리는 항상 부족하다.

상황이 이렇다 보니 개인의 특성과 가치관을 충분히 고려한 후 직업과 직장을 선택하기보다는 취업을 빨리 할 수 있는 방향으로 직업과 회사를 결정하는 사람이 늘어나고 있다. 그런데 출근만 시작하면 고생 끝 행복 시작일 줄 알았던 기대가 사라지기까지는 몇 달 걸리지 않는다. 어렵게 일자리를 구했건만 일과 조직문화가 자신의 흥미, 적성, 가치관에 맞지 않아 심각하게 이직이나 전직을 고민하기도 한다. 그뿐 아니라 나는 문제가 없이 열심히 일을 해왔는데 회사가 구조조정을 하게 되어 어쩔 수 없이 회사를 그만두게 되는 경우도 있다.

반면에 기대수명이 늘어나면서 은퇴시기는 연장되고 있다. 은퇴시기가 늦춰진다는 것은 직업이나 직장에 대한 고민도 늘어난다는 것을 의미한다. 결국 직업이나 직장을 바꾸는 일은 일부 운이 없거나 능력이 부족한 사람들만의 문제가 아니라 대한민국에서 경제활동을 하는 사람이라면 누구나 겪어야 하는 일이 되고 있는 것이다.

첫 직업과 첫 직장을 결정하는 시기는 대부분 20~30대 초반이다. 하지만 두 번째 직장이나 두 번째 직업을 찾는 시기는 30대일 수도, 40대일 수도, 50대일 수도, 아니면 60대일 수도 있다. 따라서 생애 두 번째 직업에 대한 고민은 더 이상 중장년층의 전유물이 아니다.

이 책은 주된 일자리를 그만두는 평균 연령인 40~50대를 기준으로 집필하였지만 제2의 직업을 고민하는 사람이라면 나이에 관계없이 일독을 권한다. 평생 동안 경력관리를 잘하기 위해서는 어느 정도 미래를 그려보면서 준비하는 것이 좋기 때문에 지금 아무 문제가 없는 직장인이라 하더라도 겸손한 마음으로 이 책을 읽는다면 언젠가 도움이 될 것이다.

이 책은 누구에게나 그럴듯한 유망 직업을 소개하는 책은 아니다. 대부분 여러분이 어디에선가 한번은 들어봤을 만한 직업 이야기가 나온다. 때로는 필자보다 여러분이 더 잘 아는 직업이 언급될 수도 있다. 중요한 것은 누구에게는 뻔한 직업이 또 다른 누구에게는 생각지도 못했던 기회의 직업이 될 수도 있다는 것이다. 개인의 특성과 가치관 그리고 환경이 다르기 때문이다. 따라서 직업에 대한 이야기를 할 때는 한두 사람의 사례를 일반화하는 것을 주의해야 한다. 저자의 입장에서도 그렇고 독자들의 입장에서도 그렇다. 회사에서 별다른 문제가 없는 김 과장에게는 이 책이 아무 감흥도 주지 못하는 그렇고 그런 책이 될 수도 있다. 하지만 직장과 직업 때문에 고민이 많은 김 대리나 윤 부장에게는 이 책을 읽는 게 행운으로 느껴질 수도 있을 것이다.

이 책은 크게 3부로 구성되어 있다. 1부에 해당하는 1~3장은 자신의 특성을 분석하고 제2의 직업을 탐색하는 방법에 대한 내용이다. 중국의 고대 병법서인 손자병법에도 상대와 더불어 자신도 알아야 위태롭지 않다는 말이 나온다. 직업을 바꿀 때도 직업이나 직장에만 초점을 맞추기보다는 자신의 특성도 제대로 파악해야 후회를 최소화할 수 있다. 2부에 해당하는 4~6장은 대표 유형별 직업 특성을 이해하는 내용으로 구성하였다. 회사 생활은 일을 잘하든 못하든 끝이 있기 때문에 결국 스스로 고용을 창출할 수 있는 직업으로 전환하게 되는 경우가 많다. 2부에서는 개별 직업에 초점을 맞추기보다는 스스로를 고용하는 자기주도형 직업의 대표 유형인 창업, 창직, 프리랜서직에 대해서 주로 다뤘다. 3부에 해당하는 7~9장은 최신 직업 트렌드에 대한 내용을 위주로 구성하였다. 직업의 세계도 결국 산업과 사회의 트렌드의 영향을 받기 때문에 거시적인 안목을 갖고 그 안에서 자신에게 맞는 직업을 찾는 것이 효과적이다. 특별히 8장에서는 제2의 직업으로 주목할 만한 대표 직업을 몇 개 선정하여 보다 심층적으로 직업을 소개하는 내용을 실었다. 이 책의 마지막 장인 9장에서는 성공적으로 경력관리를 하기 위해 한번 더 생각해봐야 할 요소에 대해서 이야기한다.

전작《직업의 이동》(2015)을 쓸 때도 그랬지만 방대한 직업의 세계를 책 한 권으로 다루기에는 제약이 많다. 그래도 누군가는 다루어줘야 할 주제이기에 최선을 다해 책을 썼지만 글쓰기가 끝나고 나면 항상 부족함이 보이기에 퇴고를 거듭해도 노심초사하는 마음을 멈출 수 없다. 이 책의 세부적인 내용도 도움이 되겠지만 그것보다는 이 책의 구성과 흐름 자체를 체화하여 여러분 스스로 제2의 직업을 찾아가는 프로젝트를 시작해보기 바란다. 예를 들어, 8장에서 언급하지 않은 직업 가운데 여러분 각자에게 잘 맞는 제2의 직업이 있을 것이다. 그런 직업을 발견했다면 8장 원고를 여러분이 직접 쓴다는 생각으로 개별 직업을 분석해보길 바란다. 이처럼 이 책의 목차와 구조를 그대로 활용하되 내용은 여러분 스스로 채워나간다는 생각으로 셀프컨설팅을 한다면 보다 좋은 결실을 얻을 수 있을 것이다.

책이 나오기까지 도움을 주신 분들이 많다. 사례탐구를 위해 바쁜 시간을 내어 인터뷰에 응해주신 분들, 기획단계부터 끝까지 신뢰를 보여준 한스미디어 관계자분들, 또 원고를 쓰기 시작한 날부터 탈고의 순간까지 적지 않은 조언과 모니터링을 해준 노 책임, 《제2의 직업》을 집필하는 동안 많은 관심과 응원을 보내준 친구와 지인들께 진심으로 감사하다는 말을 전한다. 그리고 무엇보다 나의 존재 의미를 부여해주는 가족과 하늘에 계신 부모님께 무한한 감사를 전한다.

Chapter 1

지금 하는 일, 과연 언제까지 할 수 있을까?

Chapter 2

당신이 정말 좋아하는 일을 찾았습니까?

Chapter 5

창업도 직업이다

Chapter 6

1인 직업의 시대가 왔다

Chapter 7

뜨는 산업을 보면 제2의 직업이 보인다

Chapter 8

주목할 만한 직업 들여다보기

Chapter 9

제2의 직업을 위한 제2의 이야기

Chapter 1

지금 하는 일,
과연 언제까지 할 수 있을까?

오랜만에 학교 선배에게 전화가 왔다. 20년 가까이 한 회사만 다니던 그 형은 뜻하지 않게 회사를 그만두게 되었다고 했다. 애써 덤덤한 말투로 이야기했지만 갑작스러운 퇴사로 적지 않게 당황하고 있다는 것을 직감할 수 있었다. 사실 선배는 몇 년 전부터 조직 내부의 변동이 심하다고 이야기해 왔다. 하지만 막상 회사를 그만두게 되면 어떻게 할 것인지에 대해서는 고민하지 않는 듯했다. 이미 중년의 나이라 젊음을 바쳤던 회사를 떠날 날이 다가오고 있음을 예측할 수 있었을 텐데 왜 아직까지 퇴사에 대한 준비가 없었을까?

갑작스러운 퇴사나 이직은 중년들만의 고민거리도 아니다. 경력 상담을 하다 보면 대리급 정도 되는 30대 경력자들도 적지 않게 찾아온다. 해외 유학까지 하고 와서 금융 회사에 어렵게 취업을 했는데 직무가 적성에 맞지 않아 계속 안착을 못하다가 상담을 하러 온 내담자가 있었다. 또 명문대 공대를 나와서 남들이 부러워할 만한 대기업에서 개발업무를 하던 청년이 심각하게 퇴사를 고민하는 것을 보고 안타까워했던 적도 있다. 취업이 어려운 만큼 입사하는 순간, 누구보다 기뻐하고 밝은 미래만을 기대했을 것이다. 하지만 그들이 퇴사를 심각하게 고민하기까지는 불과 몇 년 걸리지 않았다.

매일 일터에서 소리 없는 전쟁을 치르는 직장인들에게는 하루하루 무사히 넘기는 것조차 힘든 것이 사실이다. 하지만 현실이 그렇다고 진로에 대한 고민을 뒤로 미룬 채 오늘 하루도 시킨 일만 잘 하자라는 식으로 회사를 다닌다면 로또 몇 장에 미래를 맡기는 것이나 마찬가지다. 남다른 능력을 가지고 있거나 운이 좋다면 큰 고생 없이 또 다른 길을 찾을 수 있겠지만, 그동안 쌓아온 경력이 하루아침에 무너질 가능성이 더 높다. 그러니 혹시라도 어디선가 자그마한 경고 시그널이 보이기 시작한다면 지금 당장 대비를 시작하는 것이 좋다.

이 책에서는 여러분이 생애 두 번째로 하게 될 일을 '제2의 직업'이라 부르기로 한다. 이 책은 당신이 두 번째 직업에 대해 언제 무엇을 어떻게 고민해야 할지 알려 줄 것이다.

알고도
—
대처 못하는 실직
—

'사오정'이라는 속어가 유행하던 시절이 있었다. 사오정이란 '45세에 정년'이라는 의미로 조기퇴직을 의미한다. 1990년대 말 외환위기(IMF 사태)를 겪으면서 갑작스러운 집단해고가 늘어나자 중년의 회사원들 사이에서 쓰이던 자조적 표현이다. 한번 입사하면 평생직장이라는 생각으로 회사를 다니던 시절이었는데 어느 날 갑자기 해고통보를 받으며 느낀 충격은 이루 말할 수 없었을 것이다. 필자의 주변에도 명문대를 나와 대기업 경영관리팀 차장이었던 분이 있었는데 하루아침에 지방 대리점으로 발령이 나서 영업을 하게 되었다는 연락을 받고 무척 속상해했던 기억이 있다.

평생직장의 개념이 사라진 요즘도 커다란 과오가 없다면 과장까지는 무난하게 승진하며 회사를 다닐 수 있다. 하지만 우리나라 기업의 인력구조에서는 차·부장급으로 올라가면서 자리가 급격하게 줄어들기 때문에 퇴사자가 많아진다. 2016년 통계청 자료에 따르면 '주된 일자리'에서 퇴직연령은 평균 49세이다.[1-1] 회사, 직업, 개인 역량에 따라 차이가 있겠지만 빠르면 40대 중반이고, 오래 버티면 50대 중반이 회사원으로서의 수명인 것이다.

물론 중년의 나이에 주된 일자리를 그만두는 것이 개인의 은퇴를 의미하는 것은 아니다. 한국노동패널 자료에 따르면 중장년들 가운데 직업의 세계에서 완전히 은퇴한 50대는 25퍼센트밖에 안 된다. 약 75퍼센트가 비은퇴자로 50대 이후에도 계속 경제활동을 한다.[1-2] 그러다 보니 대한민국의 '실질 은퇴연령'은 70대 초반이다. 첫 직업에 큰 문제가 없어서 회사를 잘 다닌다 하더라도 중년 이후 15~25년가량 일할 수 있는 직업을 다시 구해야 한다는 이야기다.

앞서 언급한 두 명의 30대 사례처럼 제2의 직업은 더 이상 중년들에게만 국한된 고민거리가 아니다. 청년 취업이 어렵다 보니 진로에 대한 충분한 확신을 갖지 못한 상태에서 입사를 하는 경우가 많다. 그러다 보면 직무배치를 받고 일을 해보고 나서야 자신에게 잘 맞지 않는 일이라는 것을 깨닫게 된다. 결국 어렵게 들어간 회사를 조기에 퇴사하고 전혀 다른 직업을 찾는 경우도 늘어나고 있다. 2016년 한국경영자총협회에서 전국 306개 기업을 대상으로 조사한 자료에 따르면 대졸 신입사원의 1년 내 퇴사율이 약 28퍼센트나 된다.[1-3] 퇴사 사유 1위가 '조직 및 직무적응 실패'로 무려 50퍼센트 가까이를 차지했다. 둘 중에 한 명은 일이 맞지 않아서 퇴사를 한 셈이다. 직무가 맞지 않아 퇴사를 한다면 또 다른 직업을 찾아야 한다는 이야기나 마찬가지다. 20, 30대에 조기 퇴사를 하는 경우라면 제2의 직업은 더욱 중요하다. 그럼에도 불구하고 아직도 충분한 시간을 갖고 제2의 직업을 준비하는 사람은 많지 않다.

커리어 상담을 하다 보면 두 가지 유형의 내담자를 볼 수 있다. 첫째는 흥미나 적성에 맞지 않는 일을 계속 버티면서 하다가 직업을 바꿀 수 있는 최적의 시기를 놓치고 상담을 받으러 오는 경우다. 두 번째 유형은 회사에서 별 문제가 없어 보이는데도 불구하고 커리어 상담을 받으러 오는 사람들이다. 병이 없는데 병원에 찾아온다? 이런 고객들은 주로 현재에 안주하지 않고 미래를 대비하려는 의지가 강하고 실행력이 뛰어나다는 공통점이 있다. 한마디로 병을 치료하러 병원에 가는 것이 아니라 건강검진을 받으러 가는 것이다. 이들 중 누가 더 경력관리를 잘하는 것인지는 여러분들도 바로 알 수 있을 것이다.

이와 같이 미래가 불투명하고 준비가 더 필요한 사람일수록 오히려 현재에 안주하거나 미래를 위한 행동을 미루는 성향인 사람이 많다. 또, 이런 사람들은 회사에서 시키는 일만 수행하는 데 급급하여 대내외적인 변화를 감지 못하는 경우가 많다. 자기 회사가 속한 업종에 불황이 닥쳐오거나 회사의 경쟁력이 떨어져서 실적이 계속 악화되고 있는데 인지를 못하는 것이다. 업종 전체가 불황에 빠지는 경우에는 동종업계에서 이직조차 힘들어진다. 따라서 보다 빨리 이직을 하거나 제2의 직업을 찾아나서야 하는데도 불구하고 시기를 놓치고 만다.

불확실한 미래에 현명하게 대처하기 위해 가장 먼저 해야 할 일이 있다. 먼저, 자기 자신을 객관적으로 바라보는 것이다. '나 정도면 무난하지…'라고 스스로 자만하지 말자. 틈틈이 자기성찰을 하고 자신의 역량을 객관적으로 평가해보자. 그 다음 현재에만 충실하면 된다는 생각을 버리고 미래도 고민해 보는 것이다. 현재가 미래를 만드는 것도 맞지만 미래를 준비하려면 결국 미래를 궁금해 하고 방향을 설정해야 한다. 지나친 긍정이나 지나친 부정보다는 중용의 자세로 긍정적인 미래와 부정적인 미래를 동시에 그려 보자. 평소의 나보다 조금 더 진지해지고, 조금 더 예리해지고, 조금 더 객관적이며 조금 더 적극적으로 행동하는 것이다. 과연 나는 지금 하고 있는 일을 언제까지 할 수 있을까? 나는 현재의 회사를 언제까지 다닐 수 있을까?

평생직업이라고요?
—

　평생직장이 사라지고 평생직업의 시대가 왔다는 이야기는 더 이상 새롭지 않다. 하지만 평생직업은 자격증 한두 개 취득한다고 만들어지는 것이 아니다. 평생직업을 찾는 것은 평생직장을 찾는 것만큼 어렵다. 평생직업을 찾기 위해서는 자신의 특성과 가치관에 잘 맞으면서 비전이 있는 일을 찾아야 한다. 그러려면 다양한 경험과 체계적인 진로 설계가 필요한데 우리는 학창시절의 대부분을 공부나 취업에 필요한 스펙을 쌓는 데 쓴다. 그러다 보니 성인이 되어도 자기가 하는 일이 천직이라고 확신하지 못하는 사람이 많다. 사실 어떤 일을 직접 해보기 전에는 그 일이 나에게 맞는 직업인지 확인하는 것 자체가 쉽지 않다. 그나마 고용 유연성이 높다면 직업을 바꿔가며 경험해볼 수 있지만 아쉽게도 우리나라는 그런 환경이 아니다.

평생직업이 되기 위해서는 소명의식이나 장인정신도 중요한데 우리 사회는 단순히 임금이나 소득을 기준으로 직업을 평가하는 경향이 크다. 일을 어떻게 수행하든 돈만 많이 벌면 좋은 직업이고 성공한 사람인 것처럼 조명되는 일이 다반사다. 양질의 일자리가 부족하고 직업 간의 소득격차가 심하기 때문에 더욱 그렇다. 그러다 보니 의사나 변호사 등 사회에 큰 영향을 주는 전문직에 종사하는 사람들 가운데서도 바람직한 직업가치관을 갖지 못하고 단순히 돈을 벌기 위한 수단으로 일하는 사람이 적지 않다.

평생직장 시대가 끝났다는 것은 이직을 하는 것이 자연스럽다는 뜻이나 마찬가지다. 확실히 요즘에는 한 회사만 다닌 사람을 찾는 것이 쉽지 않다. 하지만, 이직하기 쉬운 것과 성공적인 이직을 하는 것은 별개의 문제다. 평생직업을 찾지 못한 사람들은 이직도 자주 한다. 평생직업의 시대가 도래한 것은 사실이지만 평생 만족할 수 있는 직업을 찾는 것은 쉽지 않다. 직업을 바꾸는 것은 직장을 바꾸는 것보다 훨씬 더 어렵고 위험요소가 많다. 그래서 우리는 더욱 더 신중하게 제2의 직업을 선택해야 한다.

4차 산업혁명과
—
직업의 이동
—

　몇 해 전 세상을 깜짝 놀라게 한 이세돌 9단과 인공지능 알파고의
대전은 대한민국에서 '4차 산업혁명'의 시작을 알리는 총성과 같은 역
할을 했다. 그 후로 정치, 경제, 사회, 문화, 교육 등 거의 모든 영역에
서 4차 산업혁명은 뜨거운 키워드가 되었다. 과연 네 번째에 해당하
는 산업혁명이 본격적으로 시작되었느냐에 대한 전문가들의 의견은
아직 분분하다. 하지만 확실한 것은 최첨단 IT 기술을 중심으로 자동
화 기술이 놀라운 속도로 발전하고 있다는 사실이다.

　인공지능 알파고 사례에서 보았듯이 기계학습 원리를 활용하는 인
공지능 기반 어플리케이션은 기술의 업그레이드 속도가 매우 빠르다.
예를 들어, 음성인식과 번역 자동화 기술은 수십 년 전부터 소프트웨
어 개발자들이 관심을 가졌던 영역이지만 그럼에도 불구하고 컴퓨터

기술의 한계로 인해 발전이 더디었다. 그런데 최근 기계학습 기반의 음성인식 및 번역 기술이 개발되면서 해가 다르게 발전하고 있다. 얼마 전 구글에서 구글 어시스턴트라는 소프트웨어가 사람과 똑같은 목소리로 직접 미장원에 예약을 하는 상황을 시연한 바 있다. 또 4차 산업혁명 기술 가운데 가장 어려운 것 중 하나인 휴머노이드 로봇도 점차 세련된 동작을 하기 시작했다. 로봇 기술의 발달 속도를 확인하기 위해 독자 여러분은 혼다 사의 아시모나 보스톤 다이나믹스(Boston Dynamics)에서 만든 로봇의 최신 동영상을 꼭 찾아보기 바란다.

혼다 사의 아시모 영상

보스톤 다이나믹스 로봇 영상

4차 산업혁명의 주요 특징 가운데 하나는 융합이다. 최첨단 IT 기술과 다른 업종의 기술들이 결합되어 새로운 콘셉트의 제품과 서비스가 탄생한다. 자율주행차를 예로 들어보자. 지금까지 자동차 산업과 IT 산업은 전혀 다른 업종으로 인식되었지만, 전기자동차와 자율주행차가 개발되면서 자동차가 내연기관 중심의 기계에서 디지털 기반의 전자제품으로 바뀌고 있다. 현재 자율주행차를 개발하는 회사를 보면 전통적인 자동차 제조사뿐 아니라 IT 기업, 통신 기업 등 다양한 기업들이 있다. 제조 기술이 복잡하지 않은 모터를 기반으로 한

전기자동차의 보급률이 높아지게 되면 자동차 산업 자체의 진입장벽이 낮아진다. 결국 언젠가는 현대자동차, 삼성전자, 구글이 무인자동차 시장의 경쟁사가 될지도 모른다.

이와 같이 4차 산업혁명은 업종 간의 경계를 점점 더 모호하게 만들 것이다. 따라서 직업에서 요구되는 자질이나 역량도 함께 변할 것이고 거기에 발맞추어 대비하지 않는 사람은 뒤처지게 된다.

무엇보다 4차 산업혁명은 산업과 사회 전반에 걸쳐 고도의 지능화 및 자동화를 촉진시킬 것이다. 하지만 자동화는 양면성을 가지고 있다. 관련된 기술과 상품을 개발하는 사람과 그것을 이용하는 고객에게는 더없이 좋은 것이 되겠지만 자동화가 되기 전에 그 일을 하던 사람은 일자리를 잃게 될 수도 있기 때문이다.

주변을 돌아보자. 이미 패스트푸드점이나 분식점에 가면 사람 대신 주문을 받는 무인결제 기계가 늘어나고 있다. 일반 소비자를 대상으로 사업을 하는 금융, 유통, 서비스업에서는 챗봇이라는 지능형 소프트웨어로 상담을 대체하고 있다. 해외 토픽에나 나왔던 무인매장 아마존고(amazon go)는 알게 모르게 늘어나 10개가 넘는 매장이 운영되고 있다.

제조업 현장에서의 자동화 물결은 더욱 거세다. 이미 자동차 생산라인의 대부분은 로봇이 담당하고 있다. 예전에 4차 산업혁명 관련 포럼에서 공장 자동화에 대한 매우 인상적인 이야기를 들은 적이 있다. 연사로 나온 이의 말에 따르면 모 자동차 회사의 공장에서 차량의 앞쪽 의자는 로봇이 조립을 하고 뒤쪽 의자는 사람이 조립을 한다는 것이다. 아니 앞쪽 의자를 로봇이 조립할 수 있으면 뒤쪽 의자도 당연히 로봇이 조립하면 될 텐데 굳이 사람이 할 필요가 있을까? 연사의 답변은 충격적이었다. 당연히 뒤쪽 의자도 자동화할 수 있지만 그렇게 하면 그동안 좌석 조립작업을 하던 직원에게 시킬 일이 없어지기 때문이라는 것이다. 아마도 강성노조가 없는 회사였다면 그 직원은 진작에 해고당했을 것이다.

이와 같이 자동화 기술 수준과 경제성 원리에 따라, 정형화되어 있고 반복적인 형태의 일부터 인공지능이나 로봇 기술로 대체될 가능성이 높다. 결국 첨단 기술을 잘 활용하는 사람에게는 또 다른 기회가 오고, 반대로 첨단 기술을 제대로 활용하지 못하는 사람은 일자리에 적지 않은 위협을 받을 것이다.

4차 산업혁명을 통해 새로운 기회를 찾는 사람은 자기주도적으로 제2의 직업에 도전할 것이다. 반대로 자동화 기술로 일자리를 잃는 사람도 어쩔 수 없이 제2의 직업을 찾아야 한다. 결국 어떤 입장이든 4차 산업혁명으로 인해 제2의 직업을 준비해야 하는 이유가 늘어난 셈이다.

인구변화가 만드는
—
업(業)의 변화
—

　많은 사람들이 4차 산업혁명으로 인한 미래를 이야기하고 있지만, 대한민국에서는 또 다른 변화의 물결이 진행되고 있다. 바로 인구감소와 초고령 사회다. 인구변화는 숫자를 기반으로 하고 변화주기가 길기 때문에 비교적 정확하게 예측이 가능하다. 따라서 보다 확실하게 예상할 수 있는 영역이라고 할 수 있다.

　대한민국의 인구변화는 두 가지 특징으로 요약할 수 있다. 첫째, 전체 인구가 줄어들기 시작한다는 것이다. 2018년 우리나라의 출산율은 0.98명으로 집계되었고, 2019년부터 사망자가 출생자보다 많은 자연감소가 시작된다. 이는 당초 예상보다 10년이나 앞당겨진 것이다. 최악의 경우, 대한민국 인구는 2019년 정점을 찍고, 2020년부터 본격적으로 줄어든다. 최악이 아닌 보통의 상황을 가정해도 2067년,

대한민국 인구는 4,000만 명 아래로 떨어질 것으로 예측된다. 게다가 경제에서 가장 중요한 경제활동인구는 이미 줄어들기 시작했다.

둘째는 초고령 사회의 도래다. 전체 인구 대비 65세 이상 인구가 20퍼센트 이상을 차지할 때 초고령 사회라 부르는데, 대한민국의 고령화 진행속도는 세계 최고 수준이다. 유럽 주요국가나 미국은 고령 사회에서 초고령 사회로 진입하는 데 100년 안팎의 시간이 걸렸다. 그러나 2000년대 들어 고령 사회에 진입한 대한민국은 불과 30년 만에 초고령 사회로 점프를 할 기세다. 현재 추이대로라면 2040년 즈음에는 3명 중 1명이 65세 이상 고령자인 사회가 될 것으로 보인다.

초고령 사회가 급속히 진행될수록 영유아, 청소년, 청년 심지어 중년층까지 줄어든다. 영유아를 비롯한 청소년 인구는 이미 한 차례 급감했는데 현재 고등학생에 해당하는 연령대가 급감하고 있는 중이며 이어서 20대 청년층이 급감하는 시기가 올 것으로 보인다. 특정 연령대가 급감하는 것은 그 연령대를 주 고객층으로 삼는 산업에 큰 악재가 될 수 있다. 특히 내수 위주의 산업은 더욱 그렇다. 결국 인구감소로 인해 수요가 급감할 수 있는 분야는 고용도 줄어들 가능성이 높다. 대비가 충분하지 못한 기업에서는 구조조정이 빈번하게 일어날 수도 있다. 제2의 직업을 찾아야 하는 상황이 발생하는 것이다.

학령 인구감소로 위기감이 팽배한 교육 분야를 예로 들어보자. 재정자립도가 약하고 신입생 유치능력이 떨어지는 지방 대학의 경우

수년 전부터 교육부 주도하에 구조조정이 이루어지고 있다. 수도권 대학의 경우에도 최근 몇 년 전부터 단과대, 제2캠퍼스 신설 등과 관련하여 학내 논란이 일어나고 있는데 본질적인 배경에는 '학령 인구 감소'로 인한 재정감소와 정원감축이라는 문제가 도사리고 있다. 교수나 직원의 정년이 보장되는 기관 특성상 줄어드는 재정 가운데 고용을 유지하기 위해서는 급여를 동결하거나 명분이 부족해도 다양한 사업을 추진할 수밖에 없다.

몇 년 전 초등학교 교사 임용지연 사태도 비슷한 맥락으로 해석할 수 있다. 결국 초등학교에서 대학교에 이르기까지 적지 않은 학교들이 사라질 것이고 일부 교육 분야 종사자들에게는 위기가 올 수 있다. 따라서 제2의 직업을 찾을 때도 인구변화에 따른 시장동향을 잘 파악하고 구직이나 창업을 하는 것이 좋다.

물론 인구변화가 반드시 부정적인 현상만 만들어 내는 것은 아니다. 최소한 경제가 마이너스 성장을 하지 않는다면 청년인구 감소는 자연스럽게 청년 취업난을 완화시켜주는 요인이 될 수도 있다. 20여 년간의 장기 경기침체를 겪었던 일본은 몇 년 전부터 경기가 회복되면서 청년 실업률이 5퍼센트 이하로 뚝 떨어졌다. 2018년 기준 구직자 1인당 구인자 수를 뜻하는 유효 구인배율은 평균 1.5로 우리나라의 2~3배 수준이다. 또한 경제활동인구가 감소하기 때문에 경기부양만 된다면 정부차원에서 장년, 고령층이 은퇴를 늦추는 것을 장려하게 된다. 결국 중년층뿐 아니라 장년층도 양질의 제2, 제3의 직업을 가질 기회가 늘어날 수 있다. 이래저래 인구변화도 '제2의 직업'의 중요성을 더욱 부각시키게 될 것이다.

Chapter 2

당신이 정말 좋아하는 일을
찾았습니까?

—

몇 년 전 회계사를 하는 분이 찾아와 이야기를 나눈 적이 있다. 예전만큼은 아니더라도 회계사는 여전히 고소득 전문직으로 회자되는 직업 가운데 하나다. 그런데 현직 회계사가 자신의 직업에 대해 많은 회의감을 갖고 있다고 고백하는 것이다. 고민을 자세히 들어 보니 직장보다는 개인의 흥미와 성격이 문제였다. 그 회계사의 타고난 흥미와 성향은 독창적이고 감성적으로 접근하는 일에 최적화되어 있었다. 방송PD나 마케팅 업무를 했다면 훨씬 더 만족스러운 직업이 될 수 있었던 사례였다. 하지만 경력이 수년 이상된 회계사가 방송PD나 마케터로 직업을 바꾼다는 것은 힘들다. 적어도 대한민국에서는 그렇다. 그래서 제2의 직업을 선택하기 전에 반드시 확인해야 할 것이 있다. 바로 최적의 직업과 최선의 직업을 알아내는 것이다.

최적의 직업과
—
최선의 직업
—

　예전에 많이 쓰던 표현 가운데 '천직'(天職)이란 단어가 있다. '타고난 직업'이란 뜻이다. 여러분은 자신이 하고 있는 일을 천직이라고 생각해본 적이 있는가? 필자가 천직을 커리어 관점에서 재창조한 용어가 바로 '최적의 직업'이다.

　최적의 직업이란 개인의 흥미, 적성, 성격에 두루 잘 맞는 직업을 뜻한다. 흥미란 일시적으로 생기는 관심이 아닌 지속가능성을 전제로 하는 진정한 흥미를 뜻한다. 적성은 소질, 능력, 잠재력 등을 의미하는 용어로 특정한 일을 얼마나 잘할 수 있는지 여부를 뜻한다. 이렇게 좋아하면서 잘할 수 있고, 더불어 성격이나 가치관에도 잘 맞는 직업이 바로 최적의 직업이다. 최적의 직업을 선택한 사람은 일에 몰입을 잘하고 효율적으로 일을 할 수 있으며 성과를 잘 낸다. 결과적으로 연봉협상이나 승진에도 유리하다. 사업 역시 사업가라는 직업이 자신에게 최적의 직업인 사람이 성공할 가능성이 높다. 오로지 실력으로 승부해야 하는 프리랜서로 일을 한다면 최적의 직업 여부는 더욱더 중요하다. 결과적으로 최적의 직업을 선택한 사람은 다른 사람보다 직업에 대한 만족도가 높아지기 쉽다.

직업의 종류가 다양해지면서 선택의 폭도 넓어졌다. 그런데 아이러니하게도 직업이 너무나 많고 세분화되어 있다 보니 자신의 흥미, 적성에 잘 맞는 직업을 탐색하는 데 많은 시간과 노력이 필요해졌다. 더구나 성장이 둔화되면서 취업난이 계속되다 보니 장기적인 안목에서 직업과 직장을 선택하기보다는 당장 일자리를 구하는 것에 급급해지기 쉽다. 결국 최적의 직업을 찾지 못하고 취업을 하는 경우가 많아진다.

하지만 최적의 직업이 아닌 일을 하고 있는 경우 또다시 직업을 찾아야 할 가능성이 높아진다. 일 자체에 적응을 못해서 직업을 바꾸는 경우 제2의 직업마저 최적의 직업이 아니라면 다시 제3, 제4의 직업을 찾아야 하는 딜레마에 빠질 수도 있다. 그러니 생애 첫 직업이 최적의 직업이 아니라면 제2의 직업이라도 가능한 최적의 직업이 되는 것이 좋다. 특히 40세 이전에 제2의 직업을 찾아야 하는 경우라면 최적의 직업 여부가 더욱 중요하다.

만약 현실적인 제약으로 최적의 직업을 선택할 수 없다면 '최선의 직업'이라도 선택하는 것이 좋다. 최선의 직업이란 구직 가능한 직업 가운데 최적의 직업에 가장 가까운 직업을 뜻한다. 만약 생애 첫 직업이 이미 최적의 직업이라면 직업은 유지한 채 이직을 하거나 프리랜서직을 모색하는 것으로 충분할 수 있다.

장년의 나이에 가까워질수록 재취업을 할 때 그 전보다 낮은 임금을 받는 경우가 많다. 중장년이 할 만한 양질의 일자리가 부족하기 때문이다. 통상 진입장벽이 낮은 직업일수록 소득도 낮다. 바꿔 말하면 진입장벽이 높은 직업일수록 소득도 높아지는 경향이 있다. 이와 같이 진입장벽과 소득 두 가지로 구분되는 직업들 사이에 또 다른 틈새 직업들이 있다. 진입장벽이 높지 않은 편이라 평균 연봉은 그리 높지 않으나 해당 직업 종사자 가운데 뛰어난 능력을 발휘하는 경우 고액의 소득이 가능한 직업이다.

헤드헌터와 같은 직업이 그런 경우에 속한다. 헤드헌터는 기업에서 필요로 하는 인재를 추천해주고 채용이 성사될 경우 그에 따른 수수료를 받는 직업이다. 다양한 기업고객과 경력자들을 대하는 일이기 때문에 주로 대졸 이상의 학력과 기업경력을 가진 사람을 선호한다. 8장에서 헤드헌터라는 직업에 대해 자세히 설명하겠지만 기업에서 원하는 경력자를 찾는 일도 쉽지 않을뿐더러 적합한 경력자를 발굴하여 추천한다고 하더라도 최종면접에서 떨어지면 아무런 수수료도 받을 수 없기 때문에 결코 쉬운 직업은 아니다. 하지만 무엇보다 헤드헌터라는 직업이 매력적인 점은 진입장벽이 그리 높지 않은 반면에 일이 적성에 잘 맞아 성과만 낸다면 대기업 차·부장급 이상의 연봉을 벌 수도 있다는 점이다.

반면에 중장년들이 제2, 제3의 직업으로 흔히 구하는 공장 경비, 관리원, 파트타임 서비스직이나 임시계약직, 기타 단순 노무직의 경우는 어떤가? 이런 직업은 기본급도 낮을 뿐 아니라 일을 잘해도 그 보상이 비례해서 올라가지 못하는 경우가 많다. 평균적으로는 수입이나 안정성이 비슷해 보일지라도 일을 잘할 때 소득이 올라가는 직업이 있다면 당연히 그 직업을 선택하는 편이 낫다. 단, 성과를 잘 낼 수 있다는 전제가 필요하고, 성과를 잘 낼 수 있는 요인 가운데 하나가 최적의 직업인지 여부이기 때문에 제2의 직업을 선택할 때 최적의 직업을 반드시 고려해야 한다.

[그림 2-1] 최적의 직업 개념

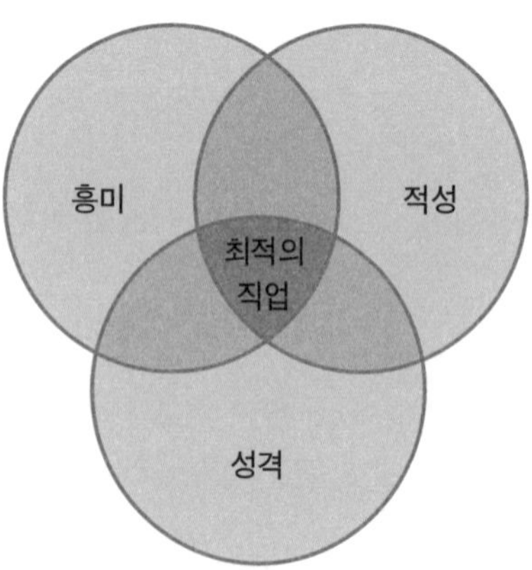

정말 좋아하는 일
—
맞습니까?
—

잠시 책을 덮고 과거를 돌이켜보자.

내가 청소년 시절에 좋아했던 것들, 이를테면 음악, 만화, 게임 등을 지금도 여전히 좋아하고 있는가? 그리고 조금 더 나이가 들어 청년 시절에 좋아했던 것들, 예를 들어 여행, 영화, 당구, 노래, 동아리 활동 등은 지금도 여전히 좋아하고 있는가? 혹시 내가 먼저 사랑을 고백했던 연인에게 이별 통보를 한 적은 없는가? 사랑조차 영원할 수 없다면 우리가 오랫동안 진정으로 좋아할 수 있는 것은 얼마나 될까?

사람들이 직업을 정할 때 주로 기준으로 삼는 것이 흥미 요소다. 평소 좋아하거나 관심이 가는 일에서 직업을 찾는 경우가 많다. 실제로 많은 사람들이 자신이 좋아하거나 적어도 좋아하게 될 거라 생각하는 일을 직업으로 삼는다. 물론 개인적인 사정이나 외부환경 때문에 그렇지 못한 경우도 있지만 요즘 시대에는 최소한 자기가 싫어하는 일을 직업으로 선택하는 사람은 많지 않다.

그런데 여기에 예상치 못한 함정이 있다. '좋아한다'라는 의미가 내포된 흥미라는 단어 자체가 지극히 주관적인 개념이라는 것이다. 내가 좋아한다고 느끼는데 누가 뭐라 할 수 있을까? 따라서 주관적인 개념일수록 객관적으로 판단하기 힘들고 그만큼 성급하게 판단을 내리기 쉽다. 커리어 상담을 하다 보면 유사한 사례를 어렵지 않게 볼 수 있다. 대학 시절까지 방송이 좋아서 방송작가가 되었는데 막상 작가가 되어 일을 해보니 점점 흥미가 줄어들어서 결국 작가라는 직업을 포기한 사례가 있었다. 남들이 부러워하는 대기업에 근무하는 연구원이 상담을 받으러 온 적이 있는데 연구개발 업무가 자신의 흥미에 맞지 않아서 다른 직업을 찾고 싶어 했다. 모두 처음에는 좋아한다고 생각했던 일인데 안타깝게도 오래 지속할 수 없는 흥미였던 것이다. 따라서 여러분들이 최적의 직업을 찾기 위해서는 먼저 일시적인 흥미가 아닌 '진정한 흥미'인지를 따져봐야 한다. 그렇다면 진정한 흥미인지를 어떻게 구별할 수 있을까? 사람이 무엇인가 진정으로 좋아할 때 일반적으로 나타나는 특징이 있다.

첫째, 내가 진짜 좋아하는 대상일 때는 생각하는 것만으로도 기분이 좋아진다. 누구나 쉽게 공감할 것이다. 아침에 눈을 뜰 때부터 저녁에 눈을 감을 때까지, 너무 바빠서 정신이 없을 때조차도 그것만 생각하면 가슴이 설레고 기분이 좋아진다. 나와 업무 스타일이 너무 다른 부장님, 잦은 야근, 아무리 일을 해도 오르지 않는 연봉, 이런 환경적인 조건은 일단 배제하고 지금 내가 하는 일 자체만 생각해보자. 내가 선택하여 지금 하고 있는 일. 이 일을 할 때면 나는 긍정적인 마음상태가 되는가?

둘째, 몰입이 잘된다. 진정한 흥미의 대상일수록 쉽게 집중이 되고 남보다 더 깊이 빠져들게 된다.

몰입 이야기를 하자면 빼놓을 수 없는 학자가 있다. 바로 미하이 칙센트미하이 교수다. 미하이 교수는 긍정심리학 분야의 대가로 창의성과 몰입에 대해 지속적으로 연구했다. 그는 개인이 경험하는 일 가운데 자발적으로 완전히 몰입되는 경우를 '플로우'(Flow)라고 명명했다. 테니스 선수, 암벽등반가, 과학자, 교사, 생산직 노동자 등 직업이나 하는 일에 관계없이 사람들마다 완전한 몰입이 가능한 경험이 있다는 것이 그의 연구 결과다.[2-1] 우리가 진정한 흥미 대상을 발견하여 그와 관련된 경험이나 활동을 하게 되면 그것이 취미이든 일이든 깊이 몰입하게 되고 결과에 관계없이 과정을 통해 커다란 즐거움을 얻게 되는 것이다. 미하이 교수가 주장하는 플로우(Flow)는 진정한 흥미와도 관계가 많지만 인과관계까지 고려한다면 다음 꼭지에서 이야기할 적성(능력, 소질, 잠재력)과 더욱 밀접한 관계가 있다.

셋째, 무엇인가 진짜 좋아할 때는 그것과 관련된 구체적인 활동을 하게 된다. 좋아한다고 하면서도 관련된 활동을 적극적으로 하지 않는다면 진정한 흥미가 아닐 가능성이 높다. 일례로 뛰어난 영화감독들 가운데는 어려서부터 영화광인 경우가 많다. 단순히 영화를 좋아하는 사람과 영화광은 차원이 다르다. 한국을 대표하는 감독 중 한 명인 박찬욱 감독은 자신이 영화감독이면서도 다른 감독들의 작품 보는 것을 좋아해서 예전에 본 영화가 1만여 편이 훌쩍 넘는다고 한다. 필자도 영화를 좋아한다고 자부하는데 그래 봤자 1주일에 두세 편 보는 수준이다. 이 정도면 1년에 150편 정도 보는 셈이니 30년을 봐도 4,500편밖에 안 된다. 게다가 박찬욱 감독은 대학교 재학 시절 영화동아리도 직접 만들었다. 박찬욱 감독의 일화는 내 자신이 무엇을 좋아한다고 말하는 것보다 내 몸이 무엇을 얼마나 하는지가 더 중요하다는 것을 알려준다.

또 다른 예를 들어보자. 야구를 좋아하는 사람이 3명 있다고 가정하자. A는 일주일에 3~4번 정도 야구중계를 보곤 한다. 하지만 A는 친구들과 캐치볼 한 번 해본 적이 없고 야구장으로 직접 관람을 가는 적도 거의 없다. B는 야구중계를 보는 것도 좋아하지만 가능하면 시간이 날 때마다 홈구장, 원정구장 가릴 것 없이 다닌다. 친구들과 만날 때마다 야구를 TV로 보는 것과 직접 관람하는 것은 천지 차이라고 일갈한다. C는 자칭 야구광이다. 프로야구 원년부터 어린이 회원이었음을 자부하는 그는 응원팀 유니폼에 유광점퍼까지 입고 최소 한 달에 한 번은 야구장에 간다. 여기에서 그치지 않고 그는 주말이면 집에서 1시간 넘게 걸리는 성남까지 가서 사회인 야구를 한다.

자, 똑같이 야구를 좋아한다고 하지만 여러분들이 보기에 누가 가장 야구를 좋아하는 사람이라 생각하는가? 물론 칼로 자르듯이 구분하기는 어려울지라도 진정한 흥미라는 관점에서 차이를 이해할 수 있을 것이다. 음악을 예로 들어도 비슷하다. 그냥 유튜브나 음원을 통해 음악을 듣는 사람과 비싼 돈을 지불하고서라도 공연장까지 찾아가는 사람, 또는 재능은 없는 것 같지만 틈틈이 악기를 배워서 연주의 희열까지 맛보려는 사람들의 음악에 대한 애정은 다르다고 볼 수밖에 없다. 단순히 즐기는 스타일의 차이 아니냐고 치부해버릴 수도 있겠지만 직업을 선택해야 하는 상황에서는 이런 차이가 최적의 직업 여부를 가늠할 수 있는 결정적인 차이가 될 수도 있다.

넷째, 진정한 흥미 대상일수록 오랫동안 꾸준히 좋아하게 된다. 2000년대 초에 DSLR(Digital Single Lens Reflex) 카메라가 유행했던 시기가 있었다. 고궁에 산책을 가거나 여행을 가보면 적지 않은 사람들이 목에 묵직한 카메라를 걸고 다니면서 사진 찍기 삼매경에 빠져 있는 모습을 볼 수 있었다. 그때는 사진촬영이 취미라는 사람들이 무척이나 많았다. DSLR 카메라는 본체도 무거운데 가방에 각종 렌즈와 필터를 채워 넣고, 한술 더 떠서 삼각대까지 들고 다녔다. 마치 군대에서 신병이 완전군장을 한 느낌이랄까? 주위의 시선과 무게는 아랑곳하지 않고 사진촬영은 정말 매력 있는 일이라고 생각하며 돌아다닌다. 그런 사람 중에는 준(準)프로 수준의 촬영 실력을 쌓게 되는 사람이 있는가 하면 그런 열정이 사라지는 데 1~2년이 채 걸리지 않는 사람도 있다. 이와 같이 지속가능한 흥미인지 여부는 직업을 선택할 때 매우 중요하다.

운이 좋은 사람은 진정한 흥미를 빨리 찾을 수도 있지만 그렇지 못한 사람도 많다. 더구나 평범한 사람에게 진정한 흥미 대상을 찾는다는 것은 쉬운 일이 아니다. 하지만 내가 미처 경험하지 못한 영역에 진짜 좋아할 수 있는 일이 있을지도 모른다. 이 점을 잊지 말고 더 많은 직업을 살펴보도록 하자.

좋아해도
—
잘하지 못하면 안 된다
—

자신의 직업에 문제가 없는 독자에게는 원론적인 이야기로 들릴 수도 있겠지만 지금부터 매우 중요한 이야기를 할 것이다. 앞서 최적의 직업을 이루는 3요소로 흥미, 적성, 성격을 언급했다. 직업을 선택하는 데 있어 3요소 모두 중요하지만 가장 중요한 것을 꼽는다면 적성이라고 할 수 있다. 넓은 의미의 적성에는 흥미나 성격도 포함되나 필자가 강조하는 것은 좁은 의미의 적성으로 '잘할 수 있는지' 여부에 관한 것이다. 우리가 흔히 능력, 소질, 잠재력 등과 같이 표현하는 것이 적성과 관련된 특성이다.

직업을 선택할 때 잘할 수 있는 일인지 여부가 왜 중요할까? 만약 여러분들이 취미로 할 거리를 찾는 상황이라면 굳이 적성까지 고려하라고 강조할 필요가 없다. 취미는 단순히 자기만족을 위해 하는 여가활동이기 때문이다. 하지만 직업은 다르다. 취미와 달리 돈을 벌기 위해서 하는 일이다. 여러분이 급여소득자라면 고용주에게 일정한 노동을 제공함으로써 대가를 받을 것이다. 그리고 그만큼 내가 하는 일에 책임과 실적, 평가가 따를 수밖에 없다. 그 책임이나 평가는 직원이 일을 얼마나 '좋아하는지'보다는 얼마나 '잘하는지'에 초점을 맞출 수밖에 없다.

여러분들 스스로 회사의 사장이라고 가정해보자. 항상 돌아다니는 것을 좋아해서 스스로 영업 직무가 잘 맞는다고 생각하는 직원 A가 있다. 그런데 A의 개인 실적은 간신히 평균 수준이다. 반면에 직원 B는 때때로 잦은 외근을 귀찮아 하지만 막상 고객을 만나고 돌아오면 계약을 잘 따내고 고객의 신뢰가 높다. 여러분이라면 누구를 먼저 승진시키고 누구의 연봉을 먼저 올려 주겠는가?

돈을 벌기 위해, 또 일을 시키기 위해 돈을 주는 직업의 세계는 냉정할 수밖에 없다. 프로 스포츠에서는 개인의 능력을 수치화하기 쉽기 때문에 똑같은 일을 하면서 연봉이 수십억 원 차이가 나더라도 크게 문제 삼는 사람이 없다. 때문에 일반적인 직업이라 하더라도 더욱 더 적성에 맞는 일을 선택하는 것이 중요하다.

창업의 경우는 더 중요하다. 아무리 내 사업을 좋아해도 잘하지 못하면 돈이 저절로 생기지 않기 때문이다. 사업 아이템과 열정만 볼 것이 아니라 창업가로서의 적성을 따져볼 필요도 있다.

그럼에도 불구하고 우리 사회에서는 유독 '좋아하는 일을 선택하라'는 식의 조언이 남발된다. 특히 사회적으로 성공한 인사들과 인터뷰를 할 때 그런 식의 조언을 듣는 경우가 많다. 물론 성공한 사람들 입장에서 틀린 말은 아니다. 그들이 자신이 좋아하는 일을 선택한 것은 사실일 테니까. 하지만 그들은 단순히 좋아하는 일을 선택해서 성공한 것이 아니다. '좋아하면서 잘할 수 있는 일'을 선택해서 성공한 것이다. 그런데 성공한 사람들조차도 적성 여부를 구체적으로 설명하기 어려우니 흥미와 열정만을 강조하는 경우가 많다.

여기서 우리는 잠시 의구심을 가질 필요가 있다. 좋아해서 잘하게 된 걸까, 잘하다 보니 좋아하게 된 걸까? 적성을 스스로 확신하는 데는 시간이 많이 걸리기 때문에 그 시작은 '흥미'일 경우가 많다. 하지만 흥미를 지속적으로 이끌어주고 최종적인 성과를 만들어내기 위해서는 적성이 중요하다. 물론, 무언가 좋아하게 되면 관련된 활동을 하게 되니 시간이 흐를수록 더 잘하게 될 수 있다. 하지만 상대적인 발전인 경우가 많다. 기본적인 소질이 받쳐주지 않는 상태에서는 발전 속도도 느리고 성장 한계점은 낮다. 그러니 뛰어난 소질은 있으나 노력을 게을리 하는 사람을 따라잡을 수 있을지는 몰라도 소질이 있는데 성실하기까지 한 사람을 따라잡기는 힘들다.

국내 프로야구 사상 최초의 비선수 출신으로 정식 프로야구 선수가 된 한선태 선수의 사례를 보자. 그가 남다른 의지를 가지고 야구를 한 것은 사실이지만 고등학교를 졸업하고 나서야 사회인 야구를 시작한 그가 초등학교, 중학교 때부터 선수를 한 프로야구 선수들보다 더 많은 노력을 했다고 보기는 힘들다. 결국 그가 비선수 출신이라는 엄청난 핸디캡을 가지고도 지명이 된 것은 그의 실력, 즉 그의 야구 적성이 결정적인 역할을 한 것이라고 봐야 할 것이다. 한선태 선수의 최고 구속은 145km 정도인데 흔치 않은 사이드암 투수다. 이와 같이 그의 타고난 소질이 노력이라는 윤활유를 통해서 최초의 사례를 만들어 낸 것이다.

만약 우리가 무엇이든 좋아하는 것만으로 다 잘하게 된다면 훨씬 더 많은 사람들이 직업에 만족해할 것이다. 하지만 현실은 그렇지 않다. 따라서 단순히 좋아하는 일을 하라는 식의 조언은 마치 "사랑하는 사람과 결혼하세요"라는 말과 같다. 틀린 말은 아니지만 때로는 무책임하고 공허한 말이 될 수도 있다.

하나의 가설이지만, 필자가 그동안 많은 사람들을 관찰하며 잠정적으로 내린 결론은 좋아해서 잘하게 되는 경우보다 잘할 수 있는 것을 좋아하게 되는 경우가 더 많다는 것이다. 앞서 소개한 미하이 교수가 강조하는 몰입(Flow)의 경험도 결국 자신이 잘할 수 있는 일을 대상으로 할 때 가능한 일이라고 볼 수 있다. 미하이 교수가 주장하는 완전한 몰입을 경험하기 위해서는 과제가 너무 쉬워서도 안 되고 너무 어려워서도 안 된다. 행위자가 적당한 긴장을 느끼면서도 결국에는 해결이 가능한 과제를 할 때 우리는 몰입과 동시에 즐거움을 얻게 된다.[2-2] '해결 가능한 과제'라는 것이 흥미와 적성 가운데 무엇을 더 요구할 수밖에 없는지 생각해보자.

좋아한다는 것은 주관적인 개념이기 때문에 스스로 확신하기 쉽다. 하지만 잘한다는 것은 적성을 이루는 세부요소가 복잡하고 객관성까지 부여해야 되니 스스로 판단하기 어렵다. 그러다 보니 남보다 적성이 뛰어나서 점점 더 좋아지게 되었다는 것을 자각하지 못하고 그냥 좋아하다 보니까 잘하게 된 것이라고 인과관계를 바꿔서 생각하기 쉽다.

다시 여러분 자신의 과거를 떠올려 보자. 내가 무엇인가 처음 배울 때는 좋다는 느낌만으로 계속 잘 배울 수 있을 것이라 생각했을 것이다. 그런데 시간이 흐르면서 점점 흥미를 잃게 되었을 때, 그때 나는 정말 잘할 수 있었는데도 불구하고 재미가 없어서 그만 두었는가? 아니면 오히려 너무 어렵고 힘들어져서 그만 두었는가? 만약 피겨의 여왕 김연아 선수가 스피드 스케이팅이 더 좋아서 스피드 스케이팅 선수가 되고 이상화 선수가 피겨 스케이팅이 더 좋아서 스피드 스케이팅을 포기하고 피겨 스케이팅 선수가 되었다면 그래도 두 선수 모두 올림픽 금메달리스트가 될 수 있었을까?

물론 가장 최상인 경우는 좋아하면서도 잘할 수 있는 일을 선택하는 것이다. 하지만 현실에서는 좋아하는 것과 잘하는 것이 일치하지 않을 때도 있다는 것이 문제다. 그럴 때는 좋아하는 관점보다는 잘하는 관점에서 직업을 고려해 보는 것이 더 나은 선택이 될 가능성이 높다는 것을 기억하자.

강점 적성은
—
어떻게 찾을까?
—

그렇다면 잘할 수 있는 일의 근간이 되는 강점 적성은 어떻게 찾아야 하는가? 적성이 중요한 것은 맞지만 적성을 찾는 것은 진정한 흥미를 찾는 것보다 어려울 때가 많다. 예술이나 체육이라면 그나마 실기능력을 평가하기 쉽기 때문에 적성을 확인하기도 상대적으로 쉬운 편이다. 그러나 내가 마케팅 업무를 가장 잘할지 연구개발 업무를 잘할지 사업을 잘할지 알기는 어렵다.

일반적인 직업에 필요한 적성을 파악하는 가장 좋은 방법은 직접 해보는 것이다. 하지만 회사를 다니지 않으면서 마케팅 업무를 어떻게 해본단 말인가? 어렵겠지만 밑져야 본전이니 긍정적으로 생각해보자. 채용조건이나 급여조건에 관계없이 인턴십이나 아르바이트의 기회가 있다면 적성 파악을 위해서라도 적극적으로 도전해보자. 나이가 많아서 도저히 불가능하다면 직업에서 요구하는 세부적인 역량이나 자질이 무엇인지 조사해 보는 방법도 있다. 가장 좋은 방법은 해당 직업 종사자의 조언을 듣는 것이다. 이왕이면 해당 직업에 대한 흥미나 적성이 잘 맞아서 성취를 경험한 사람을 찾아가 조언을 청하자.

현실적으로 관련 분야 종사자를 만나는 것이 어렵다면 직업이나 직무에 관련된 다양한 콘텐츠를 활용해보는 방법도 있다. 예를 들어 NCS(국가직무능력표준) 웹사이트에는 다양한 직업에 대한 정보와 간단히 직무능력을 진단해 볼 수 있는 자료가 있다. 물론 업종이나 회사에 따른 세부 특성까지 알려주지 못하지만 내가 관심 있어 하는 직업을 찾기 위해서 어떤 부분을 고민해야 할지 알 수 있을 것이다.

적성을 파악할 때는 최대한 객관적인 시각을 갖는 것도 중요하다. 내가 무엇을 얼마나 잘하는지 객관적으로 판단하려면 어떻게 하는 것이 좋을까? 유명한 성경구절 가운데에 '자기 눈에 있는 들보도 보지 못하면서 남의 눈에 있는 티를 본다'는 말이 있다. 그렇다. 누구나 타인을 평가하는 것보다 자신을 돌아보는 것이 훨씬 어렵다. 중요한 것은 우리가 이런 사실을 인정하면서도 자주 잊고 지낸다는 것이다. 따라서 자신의 적성을 (때로는 흥미까지) 객관적으로 분석하고 싶다고 하면 먼저 주변 사람들에게 질문을 해보는 것이 좋다. 내가 지난 몇 년간 무난하게 수행했다고 생각했던 일이 과연 동료나 상사가 볼 때는 어떠했는지 물어보자. 또 그동안 살아오면서 주변에서 잘한다고 칭찬을 받았던 일이 무엇이었는지 떠올려보자. 똑같이 배웠는데 남보다 실력이 빨리 늘었던 일, 다른 동료들은 힘들다고 푸념하는데 나는 그렇게 힘들지 않게 느껴졌던 일…. 이런 것들이 나의 적성에 잘 맞는 일이 될 가능성이 높다.

심리학에 '메타인지'라는 개념이 있다. 메타인지란 자기 스스로 아는 것과 모르는 것을 제대로 구분하고 모르는 것을 알기 위해 자발적으로 해결책을 찾아낸 후 추가적인 학습을 실행하는 능력을 뜻한다. 메타인지는 성공적으로 경력관리를 하기 위해서 매우 중요한 능력이다. 혹시 당장 뛰어난 점을 발견하지 못하더라도 괜찮다. 남보다 뛰어난 적성을 찾을 수 있다면 좋겠지만, 그렇지 못하다면 내 안에서 가장 뛰어난 적성을 찾는 것만으로도 충분히 가치 있는 일이다. 사실 자신에 대해 객관적인 시각을 갖는 것만으로 이미 큰 걸음을 내디딘 것이나 마찬가지다.

성격에 따라
—
편한 일이 따로 있다
—

표준국어대사전에 따르면 성격은 개인이 가지고 있는 고유의 성질이나 품성을 뜻한다. 여기에서 중요한 것은 '고유'의 성질이라는 것인데, 한마디로 쉽게 변하기 어려운 특성이라는 것이다. 선천적이건 후천적이건 성격이 변하기 어려운 특성이라면 환경에 맞춰 성격을 바꾸는 것보다는 성격에 맞는 환경을 찾는 편이 나을 것이다.

최적의 직업을 찾기 위해 우선적으로 중요한 요소는 흥미와 적성이다. 중요도로 보자면 성격은 제3의 요소라고 할 수 있다. 모든 직업마다 특정한 성격이 요구되는 것은 아니지만 직업에 따라서 특정 기질이나 성향을 뚜렷하게 요구하는 경우가 있다. 이런 경우에는 흥미나 적성에 맞는 일이라 하더라도 성격에 맞지 않아 스트레스를 크게받거나 최악의 경우 직업까지 바꿔야 하는 상황이 올 수도 있다.

대표적인 직업 가운데 하나인 영업직을 예로 들어보자. 영업직은 유무형의 상품이나 서비스를 고객에게 소개하고 판매하는 일을 주로 수행한다. 업무 특성상 고객을 직접 만나야 하는 일이 빈번할 수밖에 없는데, 그러다 보니 외향적인 성향을 지닌 사람에게 보다 편한 일이 되기 쉽다. 중견기업에서 개발직무를 하다가 회사 사정 때문에 영업으로 보직을 바꾸게 된 내담자가 있었다. 안타깝게도 직무를 변경하면서 뜻하지 않은 스트레스가 많아졌다. 그의 가장 큰 고충은 새로운 고객을 지속적으로 만나야 하는 상황이었다. 그 스스로 새로운 사람을 계속 만나야 하는 것에 대한 불편함이 원인이라고 진단했다. 내향성이 뚜렷할수록 모르는 사람을 처음 만날 때 먼저 말을 거는 게 부담스럽고, 쑥스러움을 타는 경향이 있다. 물론 일 자체가 성격에 맞지 않아도 의지만 있다면 업무를 수행할 수는 있다. 하지만 다른 직원보다 더 성과를 내기도 어렵고 업무로 인한 스트레스가 더 커질 수 있기 때문에 장기적으로 볼 때 바람직하지 않다. 이와 같이 직업에 따라 개인의 성향이나 기질이 큰 영향을 줄 수도 있다.

한 가지 주의할 것은 단순히 내향적인 성격의 소유자라고 해서 영업이 맞지 않는 일이라고 판단해서는 안 된다는 것이다. 우리는 흔히 내향성과 외향성을 대비해서 이야기하지만 실제 사람들의 내향성 정도나 외향성 정도는 천차만별이다. 또한 성격이라는 것은 상대적으로 느껴지는 경우가 많기 때문에 평가하는 사람이 어떤 성향이냐에 따라 꽤 다르게 보일 수 있다. 예를 들어, 뚜렷하게 외향적인 김 부장이 볼 때 약한 외향성을 지닌 이 대리는 내향성으로 보일 수도 있다. 반면에 내향성인 박 상무가 볼 때 이 대리는 뚜렷한 외향성을 지닌 사람으로 보일 수 있다. 이와 같이 한두 사람의 평가로 자신의 성향을 단정하는 것은 위험하다. 때문에 최적의 직업을 찾기 위해 최대한 객관적인 시각으로 자신의 성격이나 기질을 진단해야 한다. 이를 위해 가장 좋은 방법은 성격유형을 진단해주는 검증된 심리검사도구를 활용하거나 중간 성향으로 보이는 타인의 시각에서 내가 어떤 성향으로 보이는지 물어보는 것이다.

또한 동일한 타이틀을 가진 직업이라 하더라도 업종이나 회사에 따라 요구되는 자질에 차이가 있다는 점도 간과해서는 안 된다. 다시 영업직을 예로 들어보자. 영업직도 업종이나 회사에 따라 여러 특성으로 나눌 수 있다. 불특정 다수를 대상으로 영업을 해야 하는 경우와 어느 정도 정해진 고객층이 존재하고 고객이 먼저 접촉을 해오면 거기에 대응하여 영업활동을 하게 되는 경우다.

첫 번째 경우의 대표적인 예로 자동차 판매, 보험 판매직을 들 수 있다. 두 번째 경우는 주로 B2B(기업 간 거래) 영업 또는 일반 유통매장 판매직이다. B2B 거래를 담당하는 영업의 경우 이미 기본 거래처가 확보된 경우도 있고, 직접 거래처를 발굴하는 경우도 명확하게 타깃 기업이 정해져 있는 경우가 많다. 일반 유통매장의 판매직인 경우도 새로운 사람들을 끊임없이 만나야 하지만 대부분 매장에 방문하는 고객을 대상으로 판매행위를 하기 때문에 생각만큼 쑥스러움을 이겨내면서 영업을 해야 하는 일은 아니다. 따라서 내향성인 사람이라 하더라도 일부 영업직에서는 큰 문제가 되지 않을 수 있다. 반면에 끊임없이 고객을 찾아가야 하는 자동차 판매나 보험 판매직과 같은 영업직은 내향성의 여부가 업무성과나 업무 스트레스에 더 영향을 주기 쉽다.

다른 예로, 경리업무를 들어 보자. 돈과 직접 관련된 일은 두 가지 특성이 있는데 숫자를 자주 다루어야 하고, 꼼꼼함이 요구된다. 먼저 숫자를 잘 다루기 위해서는 수리적성까지는 아니더라도 사칙연산을 잘하고 큰 단위의 숫자를 다루는 감각이 필요하다. 이는 적성과 관련된 요소라고 볼 수 있다. 그런데 숫자에 대한 감각과 달리 꼼꼼함은 성격과 관련된 요소다. 돈을 직접 다루는 일에서 실수를 하게 되면 결국 금전적인 손해로 연결되기 쉽기 때문에 일반적인 업무에 비해 더욱 세심함이 요구된다.

그런데 숫자를 잘 다루는 것과 꼼꼼함은 별개의 특성이라는 것을 유의해야 한다. 숫자를 좋아하고 사칙연산을 잘한다 하더라도 성격이나 기질적으로 세심하지 못하면 실수를 할 수 있다. 학창시절 평소에 수학을 꽤나 잘하던 친구가 시험만 보면 실수를 해서 실력만큼 점수가 나오지 않는 경우를 본 적이 있지 않은가? 시험에서 실수는 자신에게만 피해를 주지만 업무 중 저지르는 실수는 내가 속한 팀이나 사업부 심지어 회사 전체에 큰 손해를 끼칠 수 있기 때문에 스트레스가 클 수 있다. 이와 같이 이왕이면 흥미, 적성뿐 아니라 자신의 성격이나 기질에도 맞는 일을 하는 것이 좋다.

직업가치관은
—
우선순위가 중요하다
—

최적의 직업을 확인하기 위해 고려해야 할 것이 하나 더 있다. 바로 직업가치관이다. 직업가치관이란 직업에 대한 만족도를 판단할 때 사람마다 중요하다고 생각하는 기준이나 요소를 뜻한다. '나는 직업을 선택할 때 연봉이 제일 중요하다', '나는 월급은 덜 받더라도 개인 시간을 누릴 수 있는 직업이 좋다' 등과 같은 것들이 직업가치관과 관련된 생각이다. 물론 직업가치관도 개인에 따라 달라질 수 있다. 많은 사람들이 직업에 대한 만족도를 판단할 때 소득을 우선 생각하지만, 높은 연봉을 받는 사람 중에서도 연봉 외 요인 때문에 자발적 퇴사를 하는 사람이 있다. 결국 직업가치관에 있어서도 타인의 기준이 아닌 나의 기준이 중요하다고 할 수 있다.

이와 같이 사람마다 중요하게 생각하는 요소는 다르지만 대표적인 직업가치관 요소를 살펴보면 '금전적 보상', '성취', '직업안정성'과 '몸과 마음의 여유' 등이 있다. 몇 년 전 한국고용정보원에서 발표한 자료를 보면 과거에 1~2위를 다투던 '금전적 보상'보다 '직업의 안정성' 순위가 높아진 부분이 눈에 띈다. 그 이유는 무엇일까? 1990년대 말에 외환위기로 시작된 고용불안정이 장기화된 것이 주된 이유로 보인다.

직업가치관을 고려할 때 주의해야 할 것은 여러 요소를 동시에 만족시키는 직업은 거의 없다는 사실이다. 금전적 보상이 높은 직업은 대부분 업무강도가 세거나 야근이 잦은 경우가 많다. 반대로 근무시간이 일정하고 여유로운 직업은 금전적 보상이 낮은 경우가 많다. 직업안정성이라는 요소도 마찬가지다. 직업안정성을 생각하면 가장 먼저 떠오르는 직업이 공무원이다. 몇 년 전에 3급에서 9급직 공무원을 대상으로 설문조사를 한 적이 있다. 공무원의 약 16퍼센트가 이직 의향이 있는 것으로 나타났는데 이직을 생각하는 사람들의 90퍼센트가 보수를 사유로 들었다. 연금이라는 매력적인 혜택이 있지만 재직 중에 받는 공무원 보수는 정말 낮은 편이다. 따라서 직업가치관을 결정할 때는 소득, 개인 시간, 고용안정성, 자유로운 문화 등 모두 다 중요하다는 식으로 생각하기보다는 자신에게 정말 중요한 요소 한두 가지가 무엇인지를 냉정하게 선택하는 것이 중요하다. 이제 제2의 직업을 결정하기 전에 여러분 스스로 자신의 직업가치관에 있어 우선순위는 어떤 요소인지 정리해보는 시간을 갖도록 하자.

실전, 최적의 직업과
—
최선의 직업 찾기
—

이제 우리는 흥미와 적성이 무엇인지 또 최적의 직업이 왜 중요한지 알게 되었다. 그렇다면 본격적으로 나만의 최적의 직업을 찾아보도록 하자. 시작 단계에서는 취업가능성 여부를 너무 고려하지 말자. 시작부터 현실적인 장벽을 지나치게 고려하다 보면 자신도 모르게 고정관념이 생겨서 자신의 특성을 객관적으로 분석하는 데 방해가 될 수도 있기 때문이다. 우선 나의 나이, 성별, 학력, 기타 자격 여부에 관계없이 나 자신의 순수한 흥미, 적성, 성격을 분석해보도록 하자.

그동안 살아오면서 내가 가장 몰입을 잘할 수 있었던 일은 무엇인가? 혹시라도 어려서부터 소질이 있다는 소리를 들은 적 있는데 가정환경 때문에 키우지 못한 꿈이 있었나? 대학교에 다닐 때까지 꽤 관심을 갖던 직업이 있었는데 취업 압박 때문에 포기한 적이 있었나?

우연히 인터넷 기사를 보면서 알게 된 직업에 강하게 매력을 느낀 적은 없었나? 나는 신입사원 때부터 영업팀에서 일했는데 마케팅팀장은 왜 나를 볼 때마다 마케팅부서로 오라고 꼬드겼을까? 이와 같이 다양한 관점으로 과거에서 현재에 이르기까지 나 자신을 흥미, 적성, 성격, 취미, 일과 연관 지어 질문을 해보도록 하자. 그 속에서 작은 실마리를 찾을 수 있다면 출발이 좋다.

그래도 감이 오지 않는다면 검사도구를 활용해보자. 요즘은 예전과 달리 진로나 직업선택을 위해 다양한 검사도구가 개발되어 있고 성인용 검사도구도 늘어나는 추세다. 검사 및 진단도구는 자기 자신의 특성을 객관적으로 파악한다는 측면에서 충분히 유용하다고 볼 수 있다. 다만 검사도구에 따라 결과에 대한 신뢰도의 차이가 있을 수 있기 때문에 가능하면 전문가가 추천해주는 검증된 검사를 받는 것이 좋다.

진로나 직업선택을 도와주는 검사도구는 크게 흥미 검사류, 적성 검사류, 성격유형 검사류로 나눌 수 있다. 성인용 검사는 주로 흥미, 성격유형 검사가 많고 적성검사는 적은 편이다. 고용 및 일자리 관련 공공기관에 방문하거나 워크넷과 같은 사이트에 가면 무료검사도 받을 수 있다. 유료검사의 경우 검사도구를 직접 개발한 기관이나 진로 관련 상담기관에서 받을 수 있다. 상담기관에서 검사를 받는 경우 검사결과에 대해 전문가의 해석 및 조언을 들을 수 있다는 장점이 있으므로 자신의 상황과 비용을 고려해서 검사도구를 선택하도록 하자.

다음으로 직업가치관을 확인하자. 직업가치관으로는 수입, 고용안정성, 명예, 업무강도, 근무시간 등 여러 요소를 생각할 수 있다. 직업가치관을 확인할 때는 이것저것 다 중요하다는 식으로 결론이 나지 않도록 주의하자. 하나를 선택했으면 다른 하나를 포기해야 한다.

나 자신의 흥미, 적성, 성격, 직업가치관에 대한 분석이 끝났다면, 이러한 요소에 두루 잘 맞는 직업이 무엇인지 결정하자. 이는 2장의 [그림 2-1]에서 교집합을 찾는 작업이나 마찬가지다. 나 자신의 흥미, 적성, 성격에 맞는 최적의 직업 리스트를 작성하자. 그리고 그 가운데 현실적으로 도전해볼 만한 직업이 있는지 살펴보자. 여기에서 중요한 것은 직업 타이틀 자체에 너무 초점을 맞추지 말고 일의 세부 특성에 초점을 맞추는 것이다.

예를 들어, 최적의 직업 가운데 하나로 건축설계사라는 직업이 있다고 치자. "40대 후반인 나이에 건축설계사를 하라고? 무슨 소리야?"라고 생각하기보다는 도대체 왜 나의 특성이 건축설계사라는 직업과 잘 맞는지를 분석해보는 것이다. 건축물에 대한 심미적 흥미, 공학적인 적성, 논리분석력, 실외활동, 협업, 컴퓨터 S/W 활용 능력, 디자인 능력, 건축 관련 법규나 행정에 대한 지식 등 다양한 이유가 있을 것이다. 이러한 세부적인 요소를 파악하다 보면 건축설계사가 아니더라도 다른 직업을 찾을 수 있는 실마리가 잡힌다. 이러한 과정을 반복하다 보면 최적은 아니더라도 최선의 직업을 찾을 수 있을 것이다. 극복하기 힘든 제약으로 최적의 직업을 포기한다고 해서 나의 흥미, 적성을 모두 포기할 필요는 없으니 최선을 다해보자. [그림 2-2]와 [그림 2-3]은 최적의 직업에서 최선의 직업으로 확장하는 방법을 도식화한 것이다.

[그림 2-2] 최적의 직업 확장하기: 예시 1

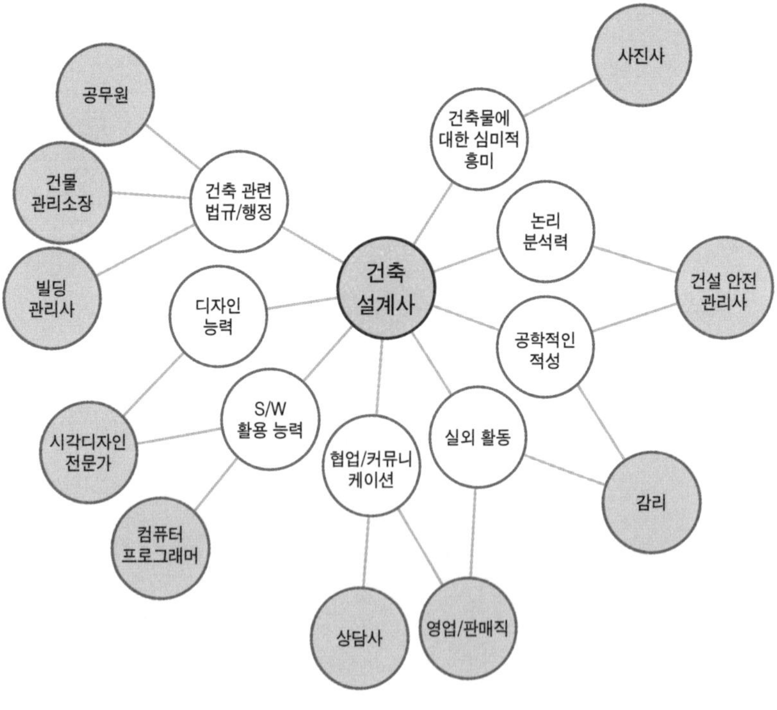

[그림 2-3] 최적의 직업 확장하기: 예시 2

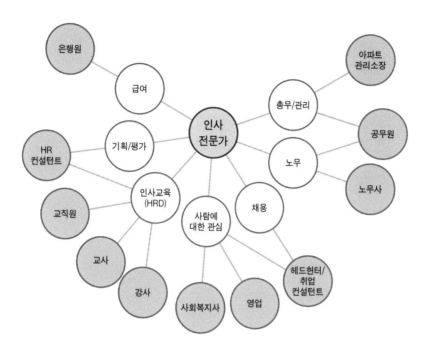

대한민국의 프로게이머 하면 어떤 이름이 떠오르는가? 아마도 중년 이상의 독자라면 테란의 황제 임요환 선수가 떠오를 것이다. 프로게이머라는 신종 직업의 세계에서 최고의 프로게이머 가운데 한 명이었던 임요환 선수. 프로게이머는 10대에 데뷔하여 20대 초반을 넘어서면 은퇴를 고민해야 할 정도로 수명이 짧은 직업이다. 임요환 선수는 프로게이머 중에서도 오랜 나이까지 현역을 유지했던 편으로 30대 초반까지 선수생활을 했다. 최고의 프로게이머 가운데 한 명이었던 그가 은퇴 후 과연 제2의 직업으로 어떤 일을 선택했을까? 프로게이머 선수를 그만둔 후 잠시 코치와 감독을 했던 그가 새로 선택한 직업은 프로 포커플레이어였다(프로 포커 대회는 불법이 아니며 해외에서 TV 중계를 할 정도로 인기 있는 종목이다). 그는 프로 포커선수로 전향한 후 꾸준히 성적이 향상되어 최근에는 해외 대회에서 한화로 1억 원 수준의 상금을 받고 우승을 할 정도로 활발히 활동을 하고 있다.

그렇다면 프로게이머와 프로 포커플레이어는 어떤 공통점이 있을까? 프로게이머는 공간지각력, 분석력, 추론력, 기억력, 신체조절 능력(정교하고 빠른 손놀림) 등 다양한 적성이 요구된다. 포커는 확률적인 접근이 기본이기 때문에 수리력과 추론력은 물론이고, 상대가 내놓았던 패를 많이 기억할수록 유리하기 때문에 기억력도 중요한 역할을 한다. 또 스타크래프트와 같은 온라인 게임은 모니터를 통해 개별 유닛의 상황을 체크하면서도 머릿속에 전체 맵을 그리면서 종합적인 플레이를 해야 한다. 따라서 상당히 세심한 관찰력을 발휘하면서도 큰 그림을 놓치지 않는 것이 중요하다. 초를 다투는 게임 중에 전혀 예측하지 못한 상황을 맞닥뜨리는 경우도 많기 때문에 심리적인 컨트롤을 하는 것도 매우 중요하다. 이러한 부분은 프로 포커선수에게도 모두 적용되는 요소라고 할 수 있다. 그렇기 때문에 프로게이머로서의 경험과 적성이 자연스럽게 프로 포커선수로 안착할 수 있도록 도와줬다고 할 수 있다.

임요환 선수는 미디어 인터뷰에서 프로포커 선수라는 직업의 장점 가운데 하나로 프로게이머와 달리 신체적 능력(빠른 반응 속도, 정교한 컨트롤, 장시간의 부담되는 자세 등)을 요구하지는 않기 때문에 나이가 큰 제약이 되지 않는다는 점을 꼽았다.[2-3] 제1의 직업에서 확인된 흥미, 적성을 그대로 이어가면서 나이라는 한계를 넘을 수 있는 새로운 분야를 찾은 것이다. 이와 같이 임요환 선수가 프로게이머에서 프로포커플레이어로 전향한 스토리는 자신의 경험과 강점 적성을 그대로 활용하여 최적의 직업에서 확장된 제2의 직업을 찾은 사례로 볼 수 있다.

Chapter 3

새로운 직업
탐색하기

사람들이 자신의 직업에 대한 이야기를
할 때 자주 쓰는 단어 가운데 '3D 업종',
'3D 직업'이라는 말이 있다. 여기서 3D란
Difficult, Dangerous, Dirty의 첫 자를 뜻한
다. 즉 힘들고, 위험하고, 지저분한 일이라
는 뜻이다. 그런데 필자가 지금까지 만난
사람치고 자기 일이 3D 업종이 아니라고
말하는 사람은 별로 본 적이 없다.

반대로 생각해보자. 그렇다면 과연 쉬우
면서 안전하고 쾌적하기까지 한 일이 있
을까? 그런 직업이 있다고 한들 임금이 얼

마나 높을까? 상대적이긴 하지만 돈을 벌기 위해 하는 일은 대부분 어렵고 힘들다. 그런데 사람의 마음이 간사하다 보니 장점은 당연한 것처럼 여기고, 단점은 부각시키는 경우가 많다. 게다가 다른 일을 해본 적이 없으니 자신의 직업을 세상에서 가장 힘든 일로 여기기 쉽다. 그런데 똑같은 일을 해도 그 일이 최적의 직업이 아닌 사람은 자기 직업을 더 부정적으로 생각하기 쉽다. 자신이 좋아하지도 잘하지도 못하는 일이니 어찌 보면 당연하다.

성공적으로 제2의 직업을 시작하기 위해서는 최적의 직업이나 최선의 직업을 확인하는 것은 물론이고 개인의 특성과 환경, 직업탐구, 미래 비전 등을 두루 생각해야 한다. 이번 장에서는 제2의 직업을 시작하기 위해 고민해야 할 요소들과 거쳐야 할 단계에 대해서 이야기할 것이다.

1단계:
—
최적의 직업 확인하기
—

제2의 직업을 위한 첫 단계는 나 자신에게 어떠한 일이 최적의 직업인지를 확인하는 것이다. 우리는 이미 2장에서 최적의 직업이 무엇인지 구체적으로 이야기했다. 최적의 직업을 확인하기 위해서는 우선 자신의 흥미, 적성, 성격을 파악하고 직업탐구를 해야 한다. 운이 없다면 평생 동안 최적의 직업을 찾지 못할 수도 있다. 그렇기 때문에 어떤 사람들에게는 최적의 직업이라는 것이 이상적이거나 이론적으로 느껴질 수 있다. 하지만 최적의 직업에 대한 고민을 제대로 해본다면 최적까지는 아니더라도 보다 나은 직업을 찾을 수 있다. 제2의 직업으로 최적의 직업을 선택할 수 없다면 최선의 직업이라도 택하는 것이 좋다.

이를 위해 추가로 해야 할 작업이 있다. 바로 경력분석이다.

그동안의 경력을 기술한 이력서가 있다면 자신이 경력을 분석하기 위한 기초 자료로 사용해도 된다. 하지만 이력서는 포맷이 정형화되어 있다 보니 회사에서 수행한 업무는 잘 기술되어 있지만 개인의 특성이나 기타 강점이 잘 드러나지 않는 부분도 있다. 따라서 조금 더 유연한 포맷으로 자신의 경력과 기타 특성을 분석해볼 필요가 있다. 이를 위해서 활용할 수 있는 양식이 [그림 3-1](74쪽)의 1단계 기초 분석 양식이다. 학교, 회사, 가정 등 소속에 관계없이 그동안 배운 것, 알게 된 것을 지식 요소에 정리해보자. 대학생 때 배운 전공지식, 회사에서 받은 교육, 업무를 하며 알게 된 지식, 학원이나 직업훈련소, 책이나 온라인을 통해 배운 것들도 모두 지식 요소가 될 수 있다.

다음으로 경험 요소에는 내가 직접 해본 것을 기재한다. 학창시절 어학연수, 해외여행, 아르바이트 경험, 인턴 경험, 그리고 이력서에 기재했던 경력사항도 해당된다. 마지막으로 지식 요소나 경험 요소에 넣기에는 애매한 나머지 특성을 기타 요소에 적어 보자. 예를 들어 좋은 인상, 부드러운 목소리, 강인한 체력, 커뮤니케이션 능력, 리더십, 꼼꼼한 성격 등도 모두 기타 요소에 해당할 수 있다. 나의 특성 가운데 직업이나 일에 조금이라도 도움이 될 수 있는 요소는 모두 기재하자.

1단계 기초 분석이 끝났으면 지금까지 기재한 지식, 경험, 기타 요소와 예전에 작성했던 이력서까지 모두 확인하며 그동안 만들어온

나의 경력과 특성 가운데 강점 요소와 약점 요소를 도출해보자. 학력이나 전공, 출신회사나 자격증도 강점이 될 수 있고, 수행했던 업무나 참여했던 프로젝트가 강점이 될 수도 있다. 또 학창시절 가장 잘했던 교과목, 인성이나 인맥도 강점이 될 수 있다. 회사 경력의 경우 3년 이상 오래했던 업무, 규모가 큰 프로젝트 경험, 업계에서 최초로 시도했던 일, 리더 역할 수행 경험 등이 우선적으로 강점 요소가 될 수 있다. 약점 요소의 경우 잦은 이직 횟수, 직무전문성 부족, 외국어 능력, 학교전공, 체력 등 자격요건이나 직무를 수행하는 데 부족한 요소라고 생각되는 부분을 적으면 된다.

[그림 3-1] 개인 경력 및 강점 분석

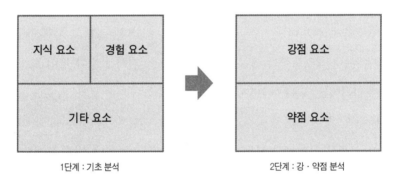

지금까지 분석한 개인 경력과 강점 요소가 최적의 직업과 얼마나 관련이 있는지 확인해보자. 간극이 적을수록 최적의 직업과 최선의

직업이 일치할 것이고 간극이 클수록 최적의 직업과 최선의 직업의 차이가 커질 것이다(최선의 직업은 구직 가능한 직업 가운데 최적의 직업에 가장 가까운 직업이다). 자, 이제 최적의 직업, 최선의 직업, 그리고 내 경력의 강·약점이 모두 파악되었다.

2단계:

—

나의 현재 상태 분석하기

—

두 번째 단계는 현재 나의 상태와 위치를 파악하는 것이다. 예를 들어, 지금 하고 있는 일이 최적의 직업은 아니지만 어느 정도 만족을 하고 은퇴까지 고용이 보장되는 상황이라면 굳이 제2의 직업을 고민할 필요가 없다. 반대로 만족도가 높은 일을 하고 있지만 어차피 어느 시점에 퇴사할 확률이 높다면 적당한 시기에 이직을 하거나 제2의 직업을 찾는 것이 낫다. 개인적인 고민을 할 여유가 부족한 직장생활을 하면서 하나하나 따져가며 자신의 상황을 판단하는 것이 쉽지는 않다. 그래서 여러분이 현재 자신이 어떤 상태에 있는지 가늠하는 것을 도와줄 도구를 만들었다.

[그림 3-2](78쪽)에 순서도처럼 보이는 도식이 있다. 본 도식을 활용해서 여러분이 커리어나 직업에 대해서 큰 고민을 하지 않아도 되

는 상황인지, 아니면 제2의 직업을 찾아야 하는 상황인지 판단해보자. 이 도식은 기본적으로 급여소득자 상황에서 시작하는 것으로 가정하였기 때문에 자영업자나 프리랜서직 종사자에게는 잘 맞지 않는 부분이 있을 수 있다. 만약 현재 나의 상태를 분석해본 결과 '적절한 시기에 이직을 한다' 또는 '적절한 시기에 새 직업을 시작한다'에 멈춘 분들이 있다면 이 책을 더욱 열심히 읽어주길 바란다. 머지않아 직업을 바꾸게 될 가능성이 높기 때문이다.

물론 인생은 예측이 어렵기 때문에 제2의 직업을 찾았다고 하더라도 또다시 제3, 제4의 직업을 찾아야 하는 상황이 올 수도 있다. [그림 3-2]의 오른쪽 아래 부분에 이직이나 새 직업 시작하기를 반복하게 되는 구간이 그런 상황을 뜻한다. 실제로 창업을 했다가 실패하는 경우 다시 급여소득자로 구직을 하는 경우도 있다. 그래도 충분한 고민 속에서 제2의 직업을 찾았던 사람이라면 크게 당황하지 않고 그 다음 직업을 찾을 수 있을 것이다. 평생 한두 개의 직업만 갖는 것이 무조건 좋다고 할 수는 없지만 전문성을 갖추거나 성과를 내지 못한 채 계속 직업만 바꾸는 경우도 바람직하다고 볼 수는 없다. 내가 평생 동안 몇 개의 직업을 갖게 될지는 나 자신의 능력과 성향 그리고 환경이 복합적으로 작용하여 결정된다.

[그림 3-2] 현재 나의 상태 분석하기

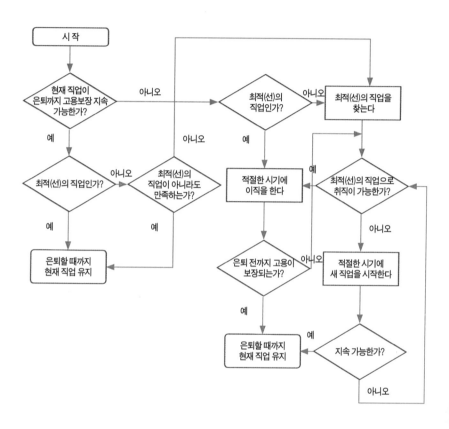

최적의 직업
나의 흥미, 적성, 성격, 직업가치관에 잘 맞는 직업

최선의 직업
현실적으로 할 수 있는 일 가운데 최적의 직업에 가장 가까운 직업

3단계:

환경분석과 생애설계하기

　1, 2단계를 통해 개인의 특성을 분석했다. 그렇다면 본격적으로 큰 그림을 그리기 전에 주변 환경을 둘러보도록 하자. 가족, 자산, 인맥 등 나 자신을 둘러싸고 있는 환경의 특성을 파악하는 것이다. 혹시 부양해야 할 가족이 있다면 언제까지 그들을 부양해야 할 것이며, 내 가족들이 중요하게 생각하는 것은 무엇인지도 살펴보도록 하자. 제2의 직업을 선택하기 위해서 현재까지 가지고 있는 자산을 파악하는 것도 중요하다. 자산이 부족하다면 좀 더 정교하고 신중하게 제2의 직업을 선택할 필요가 있다. 내 주변에 어떤 분야에 얼마나 많은 인맥이 있는지 여부도 다음 직업을 선택할 때 영향을 줄 수 있다.

　인맥지도를 만들어 가장 잘 활용할 수 있는 인맥은 어떤 분야나 직업 영역인지 살펴보자. 만약 이민, 귀촌, 창업 등을 고려한다면 내가

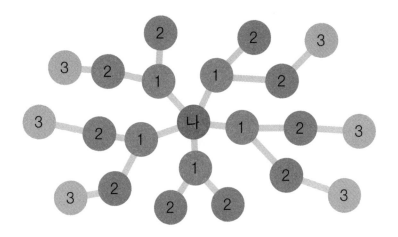

[그림 3-3] 인맥지도 그리기

1단계 : 직접 아는 관계
2단계 : 지인의 지인
3단계 : 지인의 지인의 지인

살고 있는 국가, 지역의 특성도 점검할 필요가 있다.

어느 정도 환경분석이 되었다면 이를 바탕으로 생애를 설계해 보자. 먼저 삶의 우선순위를 정립해보자. 진정으로 내가 가장 중요하게 생각하는 것들은 무엇인가? 과거와 현재의 우선순위가 무엇이었는지 되짚어 보자. 타인을 의식하지 않고 나의 내면이 중요하다고 가리켰던 것이 무엇이었을까? 가족, 일, 돈, 명예, 나 자신, 친구, 여가활동, 종교 등 가운데 나에게 가장 중요한 것. 이러한 것들이 파악되었다면 앞으로 나의 삶에서 가장 중요하게 고려할 요소가 무엇인지 결정해보자. 모두 다 중요하다는 식으로 모호하게 생각하지 말고 1순위, 2순위, 3순위까지 정해보자. 삶의 우선순위가 결정되면 자연스럽게 직업 가치관으로 넘어가서 나의 일과 직업에서 가장 중요한 요소가 무엇인지 생각해보자(직업가치관은 2장을 참고한다).

다음은 삶의 비용 결정하기다. 요즘처럼 변동성이 큰 상태에서 미래를 위한 재무계획을 짠다는 것은 쉽지 않은 일이다. 하지만 현재 나의 상황과 앞으로의 계획, 삶의 우선순위를 고려하여 은퇴할 때까지(최소한) 벌어야 할 돈과 은퇴 후 사망하기 전까지 (최소로) 필요한 자산을 파악해보자. 필요하다면 재무설계 전문가의 도움을 받아도 좋다.

마지막으로 현재와 미래의 고용환경을 살펴보자. 지금까지 떠오른 후보 직업과 관련된 구직 관점의 기회와 위기를 분석해보자. 이를 위해서 고용 및 일자리 관련 정보, 경제나 산업 관련 뉴스를 수집해야 한다. 그래도 감이 오지 않으면 직업 상담사, 전직지원 컨설턴트, 헤드헌터 등 커리어 분야 전문가의 도움을 받도록 한다.

4단계:

제2의 직업 결정하기

그렇다면 제2의 직업으로 무엇을 해야 하는가? 직업만족도를 높이고 오랫동안 일을 하기 위해서는 제2의 직업도 첫 번째 직업 못지않게 신중히 선택해야 한다. 제2의 직업으로 삼을 수 있는 후보는 다음 3가지 중에 하나인 것이 좋다. 물론 실현 가능성 있는 직업이어야 하며, 3가지에 모두 해당된다면 가장 좋은 경우다.

1. 최적의 직업
2. 최선의 직업
3. 나의 경력과 유사하거나 경력을 살릴 수 있는 직업

다시 한 번 강조하지만 최적의 직업을 너무 이상적이라고 생각할

필요는 없다. 남보다 잘할 수 있다면 가장 좋겠지만 내 적성 가운데 가장 잘할 수 있는 일만 돼도 충분하다. 경력을 잘 살릴 수 있는 직업을 찾을 때도 업종이나 직업에 대한 고정관념에서 벗어나기 위한 노력을 할 필요가 있다. 예전에 간호사 한 분을 상담한 적이 있다. 대형 병원에 취업할 정도니 간호사로서 기본 역량은 뛰어났지만, 그럼에도 불구하고 몇 년 만에 간호사라는 직업이 너무 맞지 않아 고민을 하다가 도저히 답을 찾을 수 없어서 상담을 요청하게 되었다. 어차피 병원에서 의료진과 소통하고 환자를 돌보는 일이 흥미나 적성에 너무 맞지 않다면 다른 직업으로 전환해야 한다. 그런데 회사원과 달리 간호사, 소방관, 교사 등과 같이 특수한 분야에 종사하는 사람들의 경우 자신이 다른 업종에서 일할 수 있는 기회가 있다는 것조차 생각하지 못하는 경우가 있다. 그녀도 비슷한 경우였다.

일반 보험회사에는 보험가입이나 보험금 지급 관련 심사를 하는 언더라이터라는 직업이 있다. 이 직업은 특성상 질병이나 의료에 관한 지식이 많으면 도움이 되기 때문에 간호사 경력자를 우대하는 곳이 많다. 당장에 직업을 바꿀 준비가 되어 있지 않았음에도 불구하고 내담자는 생각지도 못한 정보를 알게 되어 내심 기뻐했다. 이와 같이 꼭 동종업계가 아니더라도 내 경력을 살릴 수 있는 업종이나 분야가 존재할 수 있으니 고정관념을 버리고 좀 더 유연하게 직업탐구를 할 필요가 있다.

제2의 직업을 정하기 위해 그동안 내가 했던 일이 나에게 얼마나 잘 맞는 직업이었는지 분석해보는 것도 큰 도움이 된다. 먼저 '직업 적합도 분석표'를 참고하여 현재 하는 일이 나의 흥미, 적성, 성격에 얼마나 맞았는지, 또 소득, 업무강도 등 외적인 조건이 나의 직업가치관에 얼마나 맞았는지 분석해보자. 1차 분석이 잘되었다면 현재의 직업과 최적의 직업 그리고 제2의 직업 후보군을 같이 비교해보는 것도 좋다. 이러한 작업은 제2의 직업에 대한 확신을 갖는 데 도움이 될 것이다.

[표 3-1] 직업 적합도 분석

직업명 ( )	
문항	점수(1~10점)
이 직업은 나의 흥미에 잘 맞는 일이다(구체적인 흥미 요소:)	
이 직업은 나의 적성(소질, 능력)에 잘 맞는 일이다 (구체적인 적성 요소:)	
이 직업은 나의 성격에 잘 맞는 일이다	
이 일을 할 때는 몰입이 잘 되는 편이다	
주변 동료나 고객으로부터 일을 잘한다는 말을 종종 듣는 편이다	
이 일을 하면서 많은 많은 성과를 냈다	
이 직업의 소득수준에 만족한다	
이 일의 업무강도에 만족한다 (업무난이도, 근무시간, 육체/정신적 피로도 등)	
여러 사람 앞에서 자부심을 가지고 나의 직업을 소개할 수 있다	
다시 20대로 돌아가도 이 직업은 후보 직업 리스트에 있을 것이다	
총점 (100점 만점)	

직업적합도 총점이 80점 이상이라면 현 직업이 최적의 직업일 가능성이 높다(100점 만점으로 구성되어 있지만 세상에 100퍼센트 만족할 수 있는 직업은 없기 때문에 80점만 넘어도 매우 높은 점수로 간주한다). 만약 70~79점 정도라면 운이 좋으면 최적의 직업이거나 최소한 최선의 직업일 확률이 높다. 결과적으로 70점 이상이면 현재 직업이 큰 문제가 없는 것으로 볼 수 있다. 후보 직업의 경우에도 70점이 넘는 것을 기준으로 하되 제2의 직업임을 감안해서 60점 이상이면 일단 후보 직업 리스트에 올려놓아도 괜찮다.

제2의 직업 후보군을 찾아낸 다음에 해야 할 작업은 현실적으로 구직 가능한 직업인지 구체적인 정보를 확인하는 것이다. 직업에 따라서 특정 자격이나 학력이 요구되기도 하고 나이, 성별같이 알게 모르게 극복이 힘든 장벽이 있을 수도 있다. 구직 가능성을 확인하기 위한 가장 좋은 방법은 채용공고를 확인하는 것과 해당 분야 종사자의 조언을 듣는 것이다. 또 제2의 직업을 결정하는 데 있어 연령대에 따라 커리어에 중점을 두어야 할 부분이 달라질 수 있으므로 이런 부분까지 감안해서 제2의 직업을 선택한다면 더 만족스러운 직업을 찾을 수 있다.

최종 직업을 선택하면서 더불어 결정해야 할 것은 어떤 형태로 일을 할 것인지 여부다. 일반적으로 취업을 선호하는 사람이 많겠지만 현실적인 제약으로 구직이 어렵다면 프리랜서나 창업을 선택해야 할 수도 있다. 자기주도성이 더 요구되는 창업이나 창직 형태로 제2의 직업을 선택할 경우 자본금, 사업성, 시장성 등 환경까지 분석해보는 것이 좋다. 창업에 대해서는 5장, 창직이나 프리랜서직에 대해서는 6장을 참고하자.

[표 3-2] 연령대에 따른 커리어 지향 포인트

	특성	중요도	제2의 직업 후보 예시
30대	• 성급하게 직업을 바꾸는 것보다 이직이 대안이 될 가능성을 고려해야 함 • 자기주도적이고 준비가 잘된 경우 창업, 창직, 프리랜서직 시작 가능	소득 : ★★★ 안정성: ★★★★ 전문성: ★★★★★	**기성 직업** • 강사 • 프리랜서 개발자 • 프리랜서 디자이너 • 프리랜서 컨설턴트/프로젝트매니저 • 웹툰 작가, (동영상)크리에이터
40대	• 이직과 제2의 직업을 비슷한 비중으로 고민해야 할 시기 • 재직 중이더라도 제2의 직업 준비를 시작해야 할 시기	소득 : ★★★★★ 안정성: ★★★★★ 전문성: ★★★★★	• 프리랜서 사진사, 촬영사 • 프리랜서 번역가 • 프리랜서 기획가(사업계획서, 제안서 작성 대행) • 일반 판매직 • 서비스직
50대	• 단순 이직보다 제2의 직업을 우선적으로 고민해야 할 시기 • 직업의 소득과 안정성을 잘 저울질해야 할 시기	소득 : ★★★★ 안정성: ★★★ 전문성: ★★★★	**신종 직업** • 반려동물 관련 직업 (훈련, 미용, 장례 등) • 고령층 관련 직업(간호, 방문형 서비스 대행)
60대 이상	• 노후에 대한 계획이 구체적으로 수립되어있어야 할 시기 • 제2, 제3의 직업을 고민할 시기 • 소득보다 일의 난이도, 직업환경, 지속가능성에 비중을 두어야 할 시기	소득 : ★★ 안정성: ★★★ 전문성: ★★★	• 4차 산업 관련 신종직업 (3D프린터 제작대행, 드론 조종사/관리사 등) **자기주도형 직업** • 창업가 • 창직

[표 3-2]는 연령대에 따른 커리어 지향 포인트를 보여준다. 똑같이 제2의 직업에 도전을 해야 하는 상황이라 하더라도 커리어 특성이 다르기 때문에 연령대에 따라 중점을 줘야 할 부분이 조금씩 달라진다. 이러한 부분을 감안해서 제2의 직업 프로젝트를 위한 계획을 세워보자.

5단계:

본격적인 제2의 직업 준비

자, 나의 상황을 체크해본 결과, 머지않아 구직이나 창업/창직을 통해 제2의 직업을 시작해야 할 것으로 결론이 났는가? 제2의 직업으로 어떤 일을 할지도 결정했는가? 그렇다면 구체적으로 어느 시점에 제2의 직업을 시작해야 하는지 그 시기를 결정해야 한다.

주된 일자리에서 퇴직하는 평균 연령이 49세라고 했다. 따라서 일반적인 경우 대략 45세에서 55세 사이에 제2의 직업을 시작해야 하는 시기가 올 가능성이 높다. 첫 직업이 흥미 혹은 적성에 너무 맞지 않는 경우라면 30대에 제2의 직업을 찾아야 할 수도 있다. 이와 같이 개인에 따라 상황이 다르기 때문에 어느 시기에 제2의 직업을 시작해야 할지는 자기 스스로 철저한 분석을 통해 결정해야 한다. 이를 위해서 다양한 관점에서 자기 상황을 분석해보도록 하자.

기본적인 질문은 '현재 내 직업이 얼마나 만족스러운 상태이며 언제까지 지속가능한가?'이다.

먼저 일과 직장이 모두 만족스러운 상태라면 최대한 오래 다니다가 비자발적으로 회사를 그만둬야 하는 시점이 다가올 때 제2의 직업을 시작하는 것이 좋다. 물론 사람의 일은 모르는 것이기 때문에 회사를 그만둘 상황이 아니더라도 시간을 내어 제2의 직업을 위한 자기계발을 하는 것이 좋다. 만약 내가 준비하고 있는 제2의 직업이 나이에 제약이 있는 경우에는 좀 더 빨리 회사를 그만둬야 할 수도 있다.

다음으로 일과 직장에 만족도가 높지 않으나 회사는 오래 다닐 수 있는 상황이다. 이때는 보다 신중해야 한다. 회사에서 잘릴 염려가 없다는 안도감에 안일한 마음으로 회사를 다니다 보면 경력개발이 제대로 되지 않을 수 있다. 그 결과 경력 대비 전문성이 떨어져 좋은 자리로 이직을 하지 못하거나 제2의 직업을 시작할 적기를 놓칠 수 있기 때문이다. 이런 경우는 특히 30대 대리~과장급일 때 많이 볼 수 있다. 보통 대리~과장급은 회사에서 가장 많이 필요한 직급이라 큰 문제가 없으면 권고사직을 당하지는 않는다. 일이 잘 맞지 않는다고 판단되면 1차로 내부적인 보직변경을 시도해보고 그 결과에 따라서 제2의 직업을 찾아나서는 것이 좋다.

남은 두 가지 상황은 어차피 현재 회사에서 오래 다니기 힘들 것으로 판단되는 경우다. 일은 잘 맞으나 직장이 문제라면 일단 이직을 시도한다. 이직을 한 후에도 또 유사한 문제가 생긴다면 회사보다는 나의 문제일 가능성이 높다. 그 시점에서는 제2의 직업으로 전향을 진지하게 고민하는 것이 좋다.

정리하면 현재 직업에 대한 종합적인 만족도를 우선적으로 고려하되 현재 직업의 수명과 직장에 다닐 수 있는 한계를 고려하여 제2의 직업을 시작할 구체적인 시기를 결정한다.

지금까지 이야기를 참고하여 [표 3-3]을 작성해보자. 회사 관점은 회사에서 나를 언제까지 고용할 것인지에 대한 예측치를 뜻한다. 회사에서 나와 비슷한 직무를 수행하는 사람들이 평균적으로 어느 직급까지 올라간 후 퇴사하는지를 기준으로 삼으면 된다. 또 지금까지 회사에서 올린 실적이나 고과, 그 밖에 종합적인 평판도 참작하면 좋다. 혹시 현재 회사가 아니더라도 이직을 충분히 할 수 있다면 이직을 통해 최대한 회사생활을 연장할 수 있는 나이를 적어도 된다.

직업 관점은 회사와 관계없이 직업 수명을 고려했을 때 언제까지 일을 할 수 있을지를 뜻한다. 직업에 따라 회사 관점과 직업 관점의 수명이 비슷할 수도 있고 프리랜서로도 일을 할 수 있는 경우 회사 관점보다 직업 관점의 수명이 더 길 수도 있다. 각 관점에 따라 평균적으로 얼마나 일을 할 수 있을지 가늠해보고 두 가지 관점의 차이를 고려하여 제2의 직업 시작 시기를 결정해보자.

[표 3-3] 제2의 직업 시기 결정하기

회사 관점	우리 회사의 평균적인 퇴사 연령을 볼 때 회사를 몇 살까지 다닐 수 있는가?	( ) 세
	최상의 상황이라면 현재 회사를 몇 살까지 다닐 수 있는가?	( ) 세
	최악의 상황이라면 현재 회사를 몇 살까지 다닐 수 있는가?	( ) 세
직업 관점	평균적으로 현재 직업(일)을 몇 살까지 할 수 있는가?	( ) 세
	최상의 상황이라면 현재 직업(일)을 몇 살까지 할 수 있는가?	( ) 세
	이직을 통해 현재 직업(일)을 몇 살까지 연장할 수 있는가?	( ) 세

　자, 이제 제2의 직업 탐색의 마무리 단계다. 제2의 직업도 결정하고 시기도 결정되었다면 이제 남은 것은 직업훈련과 자기계발이다. 새 직업에 필요한 지식(Knowledge), 기술(Skill), 경험(Experience), 즉 'KSE'를 준비하는 것이다. 제2의 직업을 위해 필요한 지식, 말 그대로 지식이기 때문에 책과 인터넷을 통해서 어렵지 않게 쌓을 수 있다. 제2의 직업을 위해 필요한 기술은, 어떤 직업인지에 따라 자격증이나 별도의 직업훈련이 필요할 수 있다. 자격증의 경우 난이도가 높지 않다면 재직 중에 따놓을 수 있도록 하고, 난이도가 높다면 사전에 시험을 치러본 후 퇴사 후 집중적으로 준비하여 1~2년 이내 딸 수 있도록 하는 것이 좋다. 직업 훈련도 마찬가지다. 재직 중 야간이나 주말과정을 통해 직업훈련을 받을 수 있다면 미리 교육을 받아두자. 교육을 받으면서 실습까지 할 수 있다면 그 직업이 나에게 제2의 직업으로

적합한지 다시 확인할 수도 있다(자격증에 대해서는 4장을 참고하자).

　제2의 직업을 위해 필요한 경험. 이것만큼은 미리 하기 힘들다. 하지만 비슷한 경험을 할 수 있는 기회가 있다면 보수를 받지 못하더라도 해보자. 직접 경험을 해본다면 많은 것을 확인할 수 있을 것이다. 직접 경험할 수 없다면 주변에 해당 분야 종사자를 소개받아 그 직업의 장단점, 필요한 자질 등 다양한 현장정보를 청해 듣도록 하자. 만약에 제2의 직업이 창업이라면 사업 아이템 선정, 자본금 확보 방안, 매장이나 사무실 임대 등 별도로 창업에 필요한 준비를 해야 한다.

───────────────| 사례탐구 |─

제2의 직업을 위한 기본 계획 세우기

김영국(가명) 부장은 유명 대기업 개발 부서에 근무하는 18년 차 중견 사원이다. 그는 십여 년 전에 경력사원으로 이직한 후 여러 프로젝트에서 좋은 성과를 이뤄냈다. 남들이 부러워할 만한 기업에서 만족스러운 회사생활을 해온 그도 40대가 되면서 미래에 대한 고민이 시작됐다. 당장에 회사를 옮기거나 그만둘 상황은 아니지만 이번 기회에 제2의 직업 솔루션을 적용해보기로 했다.

먼저 [그림 3-2](78쪽)을 활용하여 현재 자신의 상태를 점검해봤다. 김 부장은 지금 하고 있는 개발 업무가 최적의 직업이라고 판단했지만 대기업에 재직 중임에도 불구하고 은퇴까지 고용보장에 대한 확신이 없었다. 따라서 [표 3-3](91쪽)을 활용하여 제2의 직업을 시작해야할 시기를 가늠해본 결과 53~55세 사이로 예측되었다. 만약에 그 전에 현재 회사 상황이 나빠지면 이직을 하는 것으로 경력을 이어나가고 50세가 되면 본격적으로 제2의 직업 준비를 시작할 것이다.

제2의 직업 후보를 정하기 위해 김 부장의 흥미, 적성, 성격을 분석해본 결과 개발업무 외에도 영업이나 창업가 특성이 뚜렷하게 보였다. 그래서 옵션을 2가지로 나누었다. 옵션1은 현재 회사를 다니다가 50대 초반에 퇴사를 하며 창업을 하는 것이다. 옵션2는 회사 상황이 급속히 안 좋아져 생각보다 빨리 퇴사를 하게 될 경우 일단 이직을 하는 것이다. 영업직에 대한 흥미, 적성도 다분히 있기 때문에 가능하다면 국내 기업을 고객으로 하는 외국계 회사에 기술영업직으로 이직을 시도할 것이다. 기술영업직을 수행하면서 관련 산업과 시장에 대한 정보와 인맥을 쌓으며 자연스럽게 창업준비를 하다가 사업 아이템이 결정되면 창업을 한다. 더불어 외국계 기업으로 이직 가능성을 생각해서 당장 외국어 공부에 시간을 투자하기로 했다.

김 부장의 경우 현재 일이 최적의 직업에 가까운데다가 5~10년 정도 회사 생활을 유지할 수 있기 때문에 좀 더 다양한 옵션을 생각할 수 있었다. 경력 관리를 잘 해가면서 50대가 되면 본격적으로 창업준비를 시작하고 적절한 시기를 봐서 창업을 실행하는 것으로 제2의 직업을 위한 기본 계획을 완성했다.

Chapter 4

성공적인
이직과 전직

일반적으로 이직은 현재 직업은 유지하면서 회사만 옮기는 것을 뜻한다. 전직은 사전적 의미로는 이직과 유사하나 본 책에서는 이직과 구별하여 새 직업으로 바꾸는 경우를 칭한다. 단순하게 생각하면 직업을 바꾸는 마당에 이전 경력이 무슨 관계가 있겠느냐고 생각할 수 있다. 하지만 직업과 회사에 관계없이 직원을 채용할 때는 지원자를 종합적이고 다면적으로 평가한다. 과거 경력이 현재 하고자 하는 일과 관계가 없더라도 과거 어떤 조직에서 어떤 일을 어떻게 했는지를 통해서도 지원자의 인성이나 강점을 평가할 수 있기 때문이다. 따라서 이번 장에서는 제2의 직업을 찾는 데 도움이 될 수 있도록 현재 경력을 잘 관리하는 방법과 이직 혹은 전직을 하는 데 기본적으로 알아야 할 채용정보, 자격증, 연봉 등에 대해서 이야기하도록 한다.

제2의 직업의 시작은

경력관리부터

제1의 직업을 오래 유지하고 있는 사람이라 할지라도 한 회사만 다니는 경우는 많지 않을 것이다. 필자의 친구를 살펴보더라도 아직까지 첫 회사를 다니는 사람은 찾기 힘들다. 대기업에서 외국계 기업으로 이직한 친구, 중소기업에서 또 다른 중소기업으로 계속 이직하는 친구, 대기업이나 벤처기업에 다니다가 창업을 한 친구 등 다양하다.

하지만 같은 회사에서 같은 일을 한 사람이라 하더라도 어떤 사람은 차곡차곡 쌓은 경력연수만큼 가치가 높아져 있는 반면 그렇지 못한 사람도 있다. 쉽지 않지만 시간을 가지고 미래까지 고민하면서 경력을 관리하는 것은 중요하다. 왜냐하면 경력관리를 잘한 사람은 여러 면에서 유리하기 때문이다.

먼저 운이 따라준다면 은퇴할 때까지 제1의 직업을 유지할 수 있다. 그렇지 않더라도 다른 동료보다 회사를 조금이라도 더 오래 다닐 수 있기 때문에 제2의 직업을 시작하는 시기를 최대한 늦출 수 있다. 게다가 회사에서 갑작스럽게 권고사직을 받을 가능성이 낮기 때문에 제2의 직업을 준비하는 데 필요한 시간을 더 확보할 수 있다. 사실 가장 중요한 이유는 자신의 경력을 잘 관리한 사람은 그때 쌓은 전문성과 인맥이 전직을 하든 창업을 하든 프리랜서직을 하든 제2의 직업에 성공적으로 안착할 수 있는 원동력이 되기 때문이다. 그렇다면 경력 관리를 잘하려면 어떻게 해야 할까?

첫째, 첫 회사는 신중하게 결정한다.

필자는 오랫동안 경력자들을 상담하면서 재미있는 사실을 발견했다. 이직을 여러 번 한 사람들을 보면 제일 오래 근무한 회사는 첫 회사인 경우가 많다는 것이다. 이직을 할 때 누구나 현재 회사보다 더 오래 다니리라 마음을 먹지만 실제는 그러지 못한 경우가 많다. 왜 그럴까? 여러 이유가 있겠지만 아마도 '처음'이라는 데서 오는 남다른 의미가 가장 크기 때문이라 생각한다. 학창시절을 끝내고 처음 사회생활을 시작하는 기쁨과 설렘을 안겨준 곳, 아무것도 모르는 신입사원에게 여러 업무를 알려주고 첫 명함과 첫 월급을 준 곳…. 그곳이 바로 '첫 회사'다.

많은 사람들이 첫사랑을 가장 오래(?) 기억하듯이, 첫 회사에 가장 애착을 갖는 것이다. 그렇기 때문에 그 어떤 회사보다 가장 열심히 일을 했던 곳이 첫 회사일 확률이 높다. 또, 첫 회사의 어떤 부서에서 어떤 사람들과 어떤 일을 했는지가 그 후 경력에 미치는 영향이 크기 때문에 그만큼 첫 회사가 중요하다고 할 수 있다. 첫 회사는 평생을 두고 따라다닌다. 우리가 흔히 'S 사 출신'이니 'H 사 출신'이니 할 때도 첫 회사를 기준으로 이야기하는 경우가 많다. 실제 경력직 지원자의 이력서를 볼 때도 첫 회사와 마지막 회사의 각인 효과가 크다는 것을 감안하면 첫 회사가 평생 경력에 미치는 영향력을 알 수 있다.

둘째, 한 회사를 최소 3년 이상 다닌다.

첫 회사를 첫사랑에 비유했는데, 첫사랑과 이별을 할 때는 어떤가? 보통 첫 회사를 그만둘 때는 가장 고민을 많이 한다. 하지만 한두 번 이직을 해보면 그 다음부터는 사표를 쓰는 것이 참 쉬워진다. 그래서 이직을 많이 한 사람들의 이력서를 보면 갈수록 근속기간이 줄어들거나 평균 재직 기간이 1~2년밖에 되지 않는 경우가 많다. 그런데 이것이 왜 문제가 될까?

회사를 옮기면 새 조직에 적응하는 데 최소 6개월에서 1년 정도 걸린다. 그렇게 조직에 적응을 하면 본격적으로 하나의 프로젝트에 참여하여 성과를 내는 데 다시 1~2년이 걸린다. 그리고 나서야 회사에서 온전히 업적에 대한 평가를 받을 수 있게 된다. 이렇게 한 회사에서 최소 3년은 있어야 그 회사에서 제대로 일을 한 사람이라는 인식을 줄 수 있다. 반대로, 아무리 스펙이 좋더라도 잦은 이직을 한 경우 전문성도 쌓기 힘들뿐더러 채용사 입장에서 인성이나 조직 적응력에 대한 의구심을 가질 수밖에 없다. 헤드헌팅 회사에서 일을 하다 보면 이직이 잦은 경력자는 아예 서류 추천을 받지 않겠다고 미리 요청하는 고객사도 있다. 따라서 일단 한두 번 이직을 했다면 성급하게 다시 이직을 하지 않도록 주의해야 한다. 특히 성장하는 사업이거나 전문성 있는 직무임에도 불구하고 조직문화, 대인관계, 연봉 등의 사유로 퇴사를 결정하는 것은 더욱 신중할 필요가 있다.

셋째, 새로 다닐 회사보다 떠나는 회사를 배려하자.

이직을 하다 보면 새로 다니게 될 회사에서는 하루라도 빨리 출근하기를 종용하는 경우가 많다. 그도 그럴 것이 대부분 현업에서 일손이 부족할 때 경력사원을 채용하기 때문에 해당 부서에서는 빠른 충원을 기대하는 경우가 많다. 하지만, 현재 다니는 회사에 퇴사 통보를 충분히 미리 하지 못한 경우 회사의 일을 제대로 인계하기 힘들어진다. 이런 상황에서 어차피 떠나는 회사라고 대충 마무리하면 전 직장 동료들에게 좋은 이미지로 남기 어렵다. 결국 레퍼런스(reference)만 나빠질 수 있다.

그런데 일부 업종은 바닥이 좁다. 새 회사로 이직을 했는데 전에 다녔던 회사가 신규 사업을 하면서 갑자기 고객사가 될 수도 있고, 때로는 전략적 파트너가 될 수도 있다. 이런저런 이유를 떠나서 도의적인 측면에서라도 떠날 때는 깔끔하게 정리하고 떠나는 것이 좋다. 만약에 나를 마음에 들어 한다고 하면서도 입사 날짜 하나를 맞춰주지 못하는 회사라면 오히려 새 회사가 나의 가치를 얼마나 높게 평가하는 것인지 재고해볼 여지가 있다.

넷째, 퇴사 사유를 잘 파악해야 한다.

이직을 고민하는 사람들의 이야기를 듣다 보면 문제의 원인을 자기 자신보다 외부요인으로 보는 사람들이 많다. 하지만 조언을 주는 입장에서 냉정하게 원인을 분석해보면 개인의 문제가 더 큰 경우도 있다. 따라서 심각하게 이직을 고민할 경우 혼자만의 판단으로 결정하는 것보다는 나의 문제를 보다 객관적으로 분석할 수 있도록 타인의 조언을 청해보자. 그럴 때는 무조건 나를 지지해주는 사람보다는 나의 장점과 단점을 두루 알고 있고, 사람과 환경을 분리해서 볼 수 있는 사람에게 코치를 받는 것이 좋다. 한마디로 숲과 나무를 동시에 볼 수 있는 균형 잡힌 사람에게 조언을 청하자.

다섯째, 내부 환경과 외부 환경을 분리해서 봐야 한다.

성공적인 이직을 하기 위해서는 반드시 시야를 넓게 가지도록 하

자. 앞서 문제의 원인이 개인에게 있는지 환경에 있는지 구별하는 것이 중요하다는 이야기를 했다. 환경을 분석할 때 주의할 사항은 내부 환경과 외부환경을 구분하는 것이다. 여기서 내부는 현재 재직 중인 회사고 외부는 내 회사가 속한 업종이나 산업, 그리고 동종업체를 뜻한다.

만약 현재 회사의 연봉, 업무강도, 조직문화 등에 대한 불만이 크다면 동종업체들의 상황도 함께 조사하여 비교해보는 것이 좋다. 예를 들어 건설회사에 다니는데 조직문화가 너무 보수적이어서 힘들다. 그런데 어차피 이직을 하게 되면 동종업체로 가게 될 확률이 높다. 사실 건설업종 자체가 상대적으로 보수적인 문화가 강한 업종이다. 이런 상태에서 다른 건설회사로 이직을 한다면 문제가 해결될 수 있을까?

이직 시기를 결정할 때도 비슷하다. 현재 다니는 회사가 사업실적이 너무 좋지 않아 조직 변동이 잦고 업무에 대한 스트레스가 크다. 이런 상황이라면 누구나 이직을 고려할 수 있다. 그런데 알고 보니 우리 회사만 계속 실적이 나쁜 게 아니라 우리 회사가 속한 업종 자체가 불황이라서 경쟁사도 비슷한 사정이다. 그런 상황에서 이직을 한다면 변동성이 줄어들까? 오히려 잦은 이직의 시작이 될 수도 있다. 따라서 이직을 결정할 때는 현재 회사의 상황뿐 아니라 동종업체 또는 업종과 산업의 전반적인 분위기도 살펴보도록 하자.

어떤 회사가
—
좋은 직장인가?
—

　같은 직업에 종사하더라도 어떤 조직에서 일을 하느냐에 따라 직업에 대한 만족도가 달라질 수도 있다. 사람들이 외모를 보고 상대방을 짐작하듯이 우리는 주로 외형적인 조건, 즉 회사 규모나 연봉, 인지도 등으로 회사를 판단한다. 솔직히 사람들이 대기업에 입사하고 싶어하는 이유는 거의 비슷할 것이다. 삼성전자나 현대자동차의 연봉이 중소기업 평균 연봉과 비슷해져도 그렇게 입사 경쟁이 치열할까? 유명 대기업보다 연봉을 2배 더 주는 중소기업이 있다면 그래도 작은 회사라고 지원을 하지 않을까?

　시대는 계속 변한다. 집단의 목표를 위해서라면 개인의 희생을 당연시했던 시대가 저물고 개인의 삶과 행복에 우선순위를 두는 시대가 왔다. 또한 정보화 시대, SNS 시대가 되면서 과거에는 그 회사를 다니는 사람만 알 수 있었던 회사의 장단점이 온라인 상에서 공유되는 일이 늘어나고 있다. 이제 연봉만 많이 준다고 좋은 회사가 아니라는 인식이 확산되기 시작한 것이다. 그렇다면 과연 나에게 좋은 회사를 찾기 위해 직원 수나 연봉 외에 어떤 요소들을 고려해야 할까?

'GWP'는 Great Work Place의 약어다. 직역하면 '훌륭한 일터'라는 뜻인데 한마디로 '일하기 좋은 회사'라고 할 수 있다. GWP는 미국의 로버트 레버링(Robert Levering)이 성공한 기업들 가운데 모범적인 조직문화를 갖고 있는 기업들의 공통점을 분석하여 정립한 개념이다. 그는 일하기 좋은 회사가 되기 위한 조건을 제시했는데 경영진과의 신뢰, 자기 업무에 대한 자부심, 동료들과의 관계에서 느끼는 재미가 그 조건이었다.[4-1] 경영진과의 신뢰문제는 급여, 승진, 부서배치 등 다양한 문제에서 발생하는데 주로 인사(HR)와 관련된 부분에서 발생하는 일들이 많다. 따라서 얼마나 체계적인 인사시스템이 갖추어져 있고 실제로 공정하게 인사정책을 시행하는지 여부는 좋은 회사인지를 가늠하는 척도가 될 수 있다.

업무에 대한 자부심은 직원들이 얼마나 자신의 흥미, 적성에 맞는 업무를 맡고 있는지와 직무의 전문성이라고 볼 수 있다. 신입사원 때는 뭐든지 처음이기 때문에 무슨 일을 시켜도 긍정적인 마음으로 받아들일 수 있다. 하지만 시간이 흐르다 보면 처음과 달리 점점 더 흥미를 잃게 되는 일이 생길 수 있다. 따라서 좋은 회사는 직원들의 흥미, 적성을 고려하여 새로운 직무전환의 기회를 줄 수 있어야 한다. 동료 간에 재미(Fun)있는 조직문화를 만들려면 우선적으로 상호 존중하는 분위기에서 상대방의 장점은 칭찬하고 자신의 단점은 스스로 개선하려는 분위기가 조성되어야 한다. 직원들 개인의 자존감을 살려줄 수 있는 팀워크가 조성된 회사라면 연봉이 조금 낮거나 야근을 한다 해도 일할 맛이 나지 않을까?

커리어 상담을 하다 보면 적지 않은 사람들이 이직을 고민하는 원인으로 상사와의 갈등, 담당직무, 팀원들과의 불화 등 인적관계와 직무내용에 대한 요인을 꼽는다. 안타까운 점은 회사를 직접 다녀보기 전에 이러한 부분을 미리 확인하기 어렵다는 것이다. 그렇다 하더라도 주변의 지인이나 온라인 정보를 통해서 이러한 요소를 확인하려는 노력을 게을리하지 말자.

그런데 사람을 통해서 특정 회사의 평판을 들을 때는 한 가지 조심해야 할 점이 있다. 어떤 회사든지 능력이 부족하거나 인성에 문제가 있는 직원도 있다(그런 직원이 나 자신일 수도 있다는 게 함정이다). 조직에서 업무능력이 가장 떨어지거나 조직에 융화를 잘하지 못하는 직원이 자기 회사를 객관적으로 평가할 수 있기를 기대하기는 어렵다. 그러니 가능하면 회사에서 일을 잘하고 좋은 평가를 받고 있는 사람에게 조언을 청하는 것이 좋다.

몇 년 전부터 직장인들 사이에서 떠오르는 키워드 가운데 '일과 삶의 균형' 즉 '워라밸'(Work and Life Balance)이라는 용어가 있다. 단어 그대로 개인의 삶과 회사의 일에 조화를 이루자는 뜻이다. 앞서 이야 기한 GWP가 개인보다는 조직 전체의 입장에서 좋은 일터를 정의하 는 개념이라면 '워라밸'은 개별 직원의 입장에서 좋은 회사를 구별해 줄 수 있는 개념이라고 할 수 있다. 예전에 직장인들 사이에서는 '월 화수목금금금'이라는 우스갯소리가 있었다. 금요일 다음에는 토요일 과 일요일이 있어야 하는데 주말까지 계속 금요일이라는 뜻이다. 이 런 이야기를 할 때면 하면 꼭 이어서 나오는 말이 있었다. "그래도 그 회사는 연봉이라도 많이 주잖아…." 요즘 말로 '웃픈' 이야기가 아닐 수 없다. 사실 연봉도 높지 않은데 야근까지 많이 하는 회사도 있다는 게 더 서글프지만….

이제는 단순히 연봉만 많이 준다고 좋은 회사로 생각하지 않는 경 향이 늘고 있다. 회사를 다니는 근본적인 이유도 개인의 행복한 삶을 영위하기 위한 것이다. 이러한 추세는 주 52시간 제도의 시행과 함께 더욱 확산되고 있다. 불필요한 야근과 잔업을 줄이기 위해 직원들이 근무시간 내에 보다 효율적으로 업무를 처리할 수 있도록 캠페인을 실시하며, 업무시간이 끝나고 나서 직원들이 여가를 활용할 수 있는 프로그램을 개설하는 회사도 있다. 그 추세를 반영하여 최근 드럼이 나 기타와 같은 악기를 배우거나 시나리오 혹은 웹소설과 같은 글쓰 기를 배우는 사람들도 늘어나고 있다. 또 오후 8시에 시작하던 평일

공연 시간을 7시 30분으로 앞당기는 공연장도 증가하고 있다. 머지않아 늦게까지 사무실에 남아 있는 직원보다 효율적으로 일을 마무리하고 일찍 퇴근하는 직원을 칭찬하는 회사가 좋은 회사가 될 수 있을 것이다.

좋은 직장을 찾기 위해서는 회사에 대한 정보가 많을수록 좋다. 제일 효과적인 건 그 회사를 다녀본 사람들에게 정보를 얻는 것이다. 주변 인맥을 통한 정보수집이 어렵다면 대한상공회의소에서 운영하는 '일하기 좋은 중소기업'(goodcompany.korcham.net)이라는 사이트를 이용해보길 권한다. 해당 사이트에서는 복지 및 급여, 일과 삶의 균형, 사내문화 등 다양한 기준으로 직원들의 만족도가 높은 회사가 소개되어 있다. 해당 사이트 외에도 취업 포털사이트나 구인구직 관련 커뮤니티를 통해서 회사 문화나 제도에 대한 정보를 얻을 수 있다.

신중년과
—
재취업
—

일반적인 경우라면 45~55세 사이 또는 그 이후에 제2의 직업을 찾게 될 가능성이 높다. 그래서 제2의 직업을 이야기하기 위해서는 중장년들의 재취업 현황에 대해 제대로 알 필요가 있다.

2017년 통계청 자료에 따르면 2017년 10월 기준 중장년층 가운데 취업자는 약 1,200만 명으로 전체 중장년 인구의 약 61퍼센트가 일자리를 가지고 있다. 성별 비중은 남자 72퍼센트, 여자 50퍼센트다. 맞벌이가 늘어나고 있지만 아직도 출산, 자녀양육 등의 문제로 경력이 단절되거나 재취업을 포기하는 여성도 적지 않다.

연령대 분포를 살펴보면 40대 초반의 취업자 비중이 가장 높았고 연령이 높아질수록 취업자 비중이 낮아져서 60대 초반이 가장 낮게 나왔다. 중장년 취업자 가운데 임금근로자는 약 77퍼센트, 비임금근로자는 약 20퍼센트로 연령이 높아질수록 비임금근로자가 늘어났다. 비임금근로자는 직접 사업체를 경영하거나 프리랜서직과 같이 혼자 전문적인 일에 종사하는 경우를 뜻한다. 40대 초반에 임금근로자에서 비임금근로자로 전환하는 비중이 가장 높았다. 40대의 경우 더 나은 소득을 위해서 자영업을 선택하는 경향이 있고, 50대 이상의 경우 자유를 위해서 자영업을 선택하는 경향이 높다고 한다. 그리고 10명 가운데 1명은 임금근로자로 취업이 어려워서 어쩔 수 없이 자영업을 선택하는 경우도 있다.

홍미로운 점이 하나 있는데 60대 초반의 경우 비임금근로자에서 임금근로자로 전환하는 경우가 가장 많았다. 이는 40대 초반에 창업이나 프리랜서 직업에 뛰어드는 사람이 많은 반면 오히려 60대가 되면 소득이 적더라도 다시 임금근로자로 돌아가는 경향이 있다는 의미다. 한국노동연구원의 노동패널 연구자료에 따르면 2015년 기준 상용직에 종사하던 중장년들 가운데 자영업으로 직업을 바꾼 사람들이 약 3분의 1정도인데 이 가운데 자영업을 유지하는 사람은 30퍼센트에 그쳤으며, 절반 이상이 임시일용직으로 이동하고 나머지는 상용직으로 이동한 것으로 나타났다. 중장년 가운데 제2, 제3의 직업으로 창업을 선택하는 사람이 적지 않으나 실제 사업을 유지하지 못하면 임시일용직으로 재취업을 하게 되는 경우가 많다.

중장년층의 소득에 대한 부분을 자세히 보자. 통계청에서 배포한

2017년 중·장년층 행정통계 결과를 보면 중장년의 평균 소득(근로 및 사업)은 약 3,350만 원이며, 남성은 평균 4,400만 원, 여성은 평균 2,000만 원 수준으로 2배 이상의 차이가 났다. 성별에 따른 소득의 차이는 여러 원인이 있겠지만 여성보다 남성이 전문직 종사 비율이 높고 일반 회사원의 경우에도 출산, 육아 등으로 경력이 단절되는 여성이 많은 편이라 차장 이상의 직급으로 올라가면 여직원의 비율이 급격하게 줄어드는 것을 하나의 원인으로 볼 수 있다.

연령에 따른 소득의 변화를 살펴보면 50대 초반까지는 평균 소득이 높아지다가 50대 후반부터는 연령구간이 높아질수록 소득이 낮아진다. 이는 50대 초반까지 주로 회사에 몸을 담고 있기 때문에 진급을 할수록 소득이 높아지다가 회사를 그만두고 제2의 직업을 시작할때는 급여를 낮춰서 재취업을 하는 경우가 많다는 의미로 해석할 수 있다. 창업을 하더라도 회사에서 받던 급여보다 더 많은 소득을 얻는 것은 쉽지 않다. 따라서 남은 생애설계를 통해 가정의 재무상태를 잘 파악하여 현실적인 수입과 지출 계획을 세운 후 최종적으로 직업을 선택하는 것이 좋다.

한국고용정보원에서 발간한 〈중장년층의 경력특성과 지원정책 방안〉 자료를 보면 2015년 기준 중장년층의 약 78퍼센트가 30명 미만인 규모의 사업체에 취업했다. 직원 수 30명 미만인 사업체라면 사실상 소기업에 속하는 규모라고 볼 수 있다. 이는 장년층으로 갈수록 더 높아진다. 중고령층이 주로 취업하는 산업을 보면 공공/개인/사업서비스업이 가장 높은 34퍼센트를 차지하였고, 그 다음으로 도소매업/숙박/음식점업이 약 22퍼센트를 차지하였다. 직업에 따른 취업자 비율의 경우 단순 노무종사자가 약 21퍼센트로 가장 높은 비율을 차지하였고, 관리자를 제외한 나머지 직업군은 대략 10퍼센트 내외로 비슷했다.

다음의 [그림 4-1]은 통계청에서 발표한 취업자의 산업 및 직업별 특성에 대한 자료다.[4-7] 그래프를 보면 30, 40대에서 가장 많이 취업하는 경영 및 회계 관련 사무직이 50대 이상이 되면 절반 이상으로 떨어지는 부분이 가장 눈길을 끈다. 이는 40대 후반부터 회사를 그만두게 될 확률이 급격하게 높아진다는 것을 시사한다. 또, 30~40대에는 TOP 5안에 들지 않던 청소, 경비 관련 단순 노무직과 운전 및 운송 관련직이 50대 이상에서는 각각 2위와 5위를 했다. 30~40대에 회사 경력을 쌓았더라도 50대 이상이 되면 좋은 일자리가 부족해서 단순 노무직으로 전향하는 사람이 생길 수밖에 없는 구조임을 알 수 있다. 물론 10~20년 후 고용변화에 따라 현재 30~40대가 장년층이 되었을 때는 또 다른 직업군의 순위가 올라갈 수도 있다.

[그림 4-1] 연령계층별 직업별 상위취업자 현황

(단위 : 천 명)

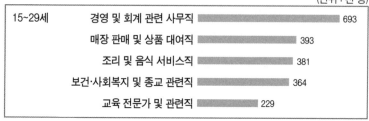

15~29세	
경영 및 회계 관련 사무직	693
매장 판매 및 상품 대여직	393
조리 및 음식 서비스직	381
보건·사회복지 및 종교 관련직	364
교육 전문가 및 관련직	229

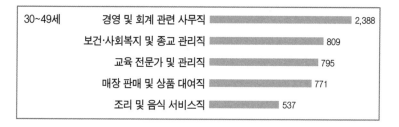

30~49세	
경영 및 회계 관련 사무직	2,388
보건·사회복지 및 종교 관리직	809
교육 전문가 및 관리직	795
매장 판매 및 상품 대여직	771
조리 및 음식 서비스직	537

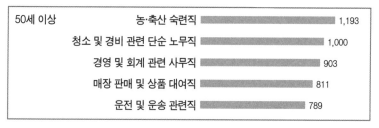

50세 이상	
농·축산 숙련직	1,193
청소 및 경비 관련 단순 노무직	1,000
경영 및 회계 관련 사무직	903
매장 판매 및 상품 대여직	811
운전 및 운송 관련직	789

출처: 2018년 취업자의 산업 및 직업별 특성(통계청)

우리나라의 중장년 취업 상황을 정리해보면 50대 중반을 넘어서면서 소득이 줄어들고 고용안정성이 떨어지는 소기업에서 일을 하게 되는 경우가 많다고 볼 수 있다. 흔히 회사에서 경력사원을 채용할 때는 더 큰 조직에서 일해본 사람을 선호하기 때문에 대기업 경력자가 중기업으로, 또 중기업 경력자가 소기업으로 이동하는 것이 쉬운 편이다. 그래서 30~40대 때 대기업 경력이 있는 사람들이 재취업을 할때도 유리한 부분이 있다. 또 자영업을 하는 경우 45~59세까지는 사업이 잘되지 않아서 그만두는 경우가 40퍼센트를 넘으며 60세 이상의 자영업자는 건강상의 이유로 그만두는 경우가 40퍼센트를 넘는다. 장년까지 직업을 잘 유지하려면 개인의 건강관리를 잘하는 것도 중요하다.

최근에는 50세 이상을 '신중년' 또는 '50플러스'라고 부른다. 이제 40~50대의 나이는 전성기를 찍고 내려갈 준비를 하는 시기가 아니

[표 4-1] 중장년층을 위한 고용노동부 주요 정책

프로그램	대상	개요
중장년 일자리 희망센터	만 40세 이상	퇴직(예정)하는 중장년에게 생애설계, 재취업, 창업, 사회참여 기회 등 고용지원 서비스를 제공
생애경력 서비스	만 40세 이상	생애경력설계를 통해 미래를 위한 경력관리, 능력개발 등을 지원하고 사회참여 기회를 확대
고령자 인재은행	만 50세 이상	민간의 무료직업 소개사업을 수행하는 비영리법인 또는 공익단체를 고령자 인재은행으로 지정하여 고령자 고용안정 및 인력수급 활성화
장년근로시간 단축지원금	만 50세 이상	근로시간을 단축하면서 임금이 감소된 50세 이상 근로자에게 감소된 임금의 일부를 지원

출처: 고용노동부 정책자료

다. 아직 도달하지 않은 커리어하이(Career High)를 꿈꿔도 충분한 나이가 바로 40~50대인 것이다. 공공기관에서도 중장년들이 성공적으로 제2의 직업을 시작할 수 있도록 도와주는 프로그램을 늘리고 있다. 나이는 숫자일 뿐이라고 하지 않는가? 생애 첫 직업 못지않게 성취를 할 수 있는 나만의 제2의 직업을 찾아보자.

효과적인
—
구인정보 수집 전략
—

이직이든 전직이든 구직활동을 해야 한다면 채용정보를 찾아야 한다. 이직을 여러 번 해본 사람이라면 구인정보를 찾는 데 익숙할 것이다. 하지만 이직 경험이 전혀 없다면 채용정보를 효과적으로 활용하는 방법을 배우는 것이 좋다.

일반적으로 채용정보는 4가지 경로를 통해서 입수할 수 있다.

첫째는 온라인 취업 포털사이트를 활용하는 방법이다. 사람인, 잡코리아와 같은 유명 취업 포털사이트에 가면 중소기업에서 대기업에 이르는 다양한 기업의 채용공고가 있다. 이런 유명 취업 포털사이트의 장점은 채용정보가 매우 많다는 것이다. 하지만 인사총무, 재무회계, 영업, 마케팅, R&D, 생산 등 일반 기업의 채용정보가 주를 이루기 때문에 공공기관이나 특수직업 채용정보를 찾을 때는 오히려 비효율적이다. 또 채용공고가 워낙 많다 보니 구직자들에게 쉽게 노출되는 좋은 자리에는 대부분 대기업 공고가 있다. 따라서 중소기업에 주로 지원하려는 경우 딱 맞는 채용공고를 놓칠 수도 있으니 카테고리 메뉴나 검색기능을 잘 활용하는 것이 좋다. 일반적으로 서류전형 접수기간은 2~4주 정도이므로 바쁠 때라면 매일 채용공고를 볼 필요는 없고 주 2~3회 정도 집중해서 채용공고를 살펴보는 것이 효과적이다.

둘째는 공공기관에서 운영하는 웹사이트를 활용하는 방법이다. 공공기관에서 운영하는 채용관련 사이트의 경우 공공기관이나 중소기업의 채용정보도 많이 올라오기 때문에 대기업에 지원할 생각이 없는 사람들에게는 오히려 효과적일 수 있다. 대표 사이트로 고용노동부와 한국고용정보원에서 운영하는 워크넷이 있다. 워크넷은 고용유지율이나 재무건전성이 높은 중소기업의 채용정보만을 선별해서 제공하는 서비스, 전일제 근무가 아닌 시간선택제 일자리 등 구직자의 상황에 따른 맞춤형 정보를 제공하는 것이 특징이다. 워크넷은 단순히 채용정보만 제공하는 것이 아니라 취업과 진로설계를 위한 다양한 정보를 제공하기 때문에 제2의 직업을 준비하는 사람들은 반드시 알아야 할 사이트다.

잡알리오는 공공기관 채용정보를 통합적으로 제공하는 사이트다.

유명 공기업에서 잘 알려지지 않은 공공기관의 채용정보가 모두 있을 뿐 아니라 공공기관별 기본 정보와 직원 수, 신입초임 및 평균 급여정보를 제공한다. 인사혁신처에서 운영하는 나라일터는 공무원 채용정보 전문 사이트다. 중앙부처와 지방자치단체 그리고 교원에서 개방형 직위까지 공무원 관련 모든 채용정보를 제공한다.

셋째는 구인기업에서 자체 제공하는 채용정보를 활용하는 방법이 있다. 중견규모 이상의 회사 웹사이트에는 대부분 자사의 채용정보를 제공하는 게시판이 있다. 어차피 큰 회사들은 취업 포털사이트에 채용 공고를 내기 때문에 일일이 지원하려는 회사의 웹사이트를 찾아가서 지원할 필요는 없다. 하지만 간혹 외국계 회사나 소기업의 경우 취업 포털사이트를 이용하지 않고 자사 홈페이지에만 공고를 올려놓는 경우도 있다. 또 채용박람회를 활용하는 방법도 있다. 일부 기업의 경우 부서장이나 인사팀 간부가 현장에 나와서 직접 채용 정보를 제공하거나 간단하게 입사서류를 검토한 후 면접제의까지 한다. 채용박람회는 인사담당자나 현업부서장을 대면할 수 있기 때문에 적극적으로 회사에 관심을 표명하면 온라인으로 지원할 때보다 서류전형 합격가능성을 높일 수 있다. 잘 알려지지 않은 중소기업일수록 채용박람회를 활용하는 전략이 더욱 유효하다. 채용박람회에 갈 때는 사전에 참가 회사들의 리스트를 파악한 후 면접복장을 하고 이력서도 지참하자.

사내 추천은 기업에서 내부 직원들에게 지인을 추천받아서 채용을 진행하는 방식이다. 조직특성과 직무를 잘 아는 직원들이 추천하는 사람은 일반 공채 지원자보다 더 신뢰할 수 있고 적합한 이력을 가진 경우가 많기 때문에 사내 추천을 활용하는 기업이 늘고 있다. 일부 회사는 사내 추천된 지원자가 합격할 경우 추천 직원에게 현금으로 포상을 하기도 한다. 사내 추천의 경우 서류전형이 통과될 확률도 높기 때문에 기회가 있다면 적극 활용하는 것이 좋다. 사내 추천을 활용하려면 주변의 지인들에게 자신이 구직활동을 하고 있다는 것을 적극적으로 알리는 것이 좋다.

그 밖에도 온오프라인에는 다양한 커뮤니티가 있다. 취업 관련 커뮤니티나 인사담당자들이 주로 활동하는 커뮤니티에는 급하게 직원이 필요할 때 커뮤니티 게시판에 구인정보가 올라오기도 한다. 또 내가 도전하려는 직업 종사자들이 많이 활동하는 커뮤니티도 적극 활용하는 것이 좋다. 예를 들어 직업상담사나 전직지원 컨설턴트에 도전하려고 한다면 관련 자격을 준비하는 커뮤니티나 현직 상담사들이 운영하는 커뮤니티에 가입해보자. 관련 커뮤니티에서 적극 활동을 하다보면 그 직업에 대해서도 자세히 알 수 있고, 일반인들은 잘 모르는 채용에 관한 정보도 얻을 수 있는 행운이 따르기도 한다. 종사자가 매우 적은 특수직업이나 신종직업에 도전하려는 경우 채용정보를 찾

기 어렵기 때문에 인맥이나 관련 커뮤니티를 활용하는 것이 더욱 중
요하다(3장에서 소개한 인맥지도를 활용하는 것도 좋다).

[표 4-2] 유형별 구인정보 소스

유형	소스
온라인 취업 포털	사람인, 잡코리아, 인크루트 등
공공 사이트	워크넷, 잡알리오, 나라일터 등
구인 기업	회사 웹사이트, 채용박람회, 사내 추천 등
기타	취업 커뮤니티, HR관련 커뮤니티, 전문가 및 동호인 커뮤니티, 헤드헌팅

자격증과
—
직업훈련
—

자격증이란 과연 무엇일까? 한마디로 정의하자면 어떤 일을 수행하는 데 있어 기본적인 지식이나 기술, 기타 소양을 가지고 있다는 것을 증명해주는 증서다.

상담을 하다 보면 취업에 자격증이 얼마나 도움이 되는지에 대한 질문을 받을 때가 많다. 경력이 없을 때는 관련 자격증이라도 있으면 취업에 유리하다. 하지만 자격증의 가치도 천차만별이고 회사나 직무에 따라 가점을 주는 정도도 다르다. 요즘은 민간자격증 제도가 생기면서 자격증의 종류도 너무 많아져서 어떤 자격증이 취업에 도움이 되는지 파악하는 것도 쉽지 않다.

먼저 자격증의 유형을 살펴보자.

자격증은 자격을 주관하는 기관에 따라 국가자격과 민간자격으로 나뉜다. 그리고 국가자격은 국가기술자격과 국가전문자격으로 나뉜다. 국가기술자격은 건축기사, 전기기사, 한식조리기능사와 같이 주로 산업과 관련이 있는 기술, 기능, 서비스 분야의 자격이며 컴퓨터활용능력, 워드프로세서 등과 같은 자격도 국가기술자격에 속한다. 국가기술자격은 약 540여 개로 이 가운데 498개는 기술기능 분야, 나머지 32개는 서비스 분야 자격으로 구분된다. 기술기능 분야는 다시 기능사, 산업기사, 기사, 기능장, 기술사와 같이 5등급으로 나뉜다. 이 가운데서도 기술사나 기능장은 국가기술자격 보유자 중 0.2퍼센트 내외만 보유하고 있는 자격이라고 하니 매우 취득이 어려운 자격이라고 할 수 있다.

서비스 분야 자격의 경우 단일등급 또는 1급~3급 자격으로 등급이 나뉜다. 최근 자격시험 접수자가 가장 많은 종목으로는 컴퓨터 활용능력 1/2급, 한식조리기능사, 지게차운전기능사, 미용사, 전기기사 등이 있다. 국가기술자격은 주로 한국산업인력공단에서 시행하며 일부 자격은 대한상공회의소, 한국콘텐츠진흥원과 같은 공공기관에서 별도로 시행한다.

국가전문자격의 경우 의사, 변호사, 공인노무사, 도선사, 평생교육사, 정교사 등과 같은 자격이 있다(국민자격증 자동차운전면허도 당당한 국가전문자격이다). 국가전문자격도 국가기술자격과 마찬가지로 한국산업인력공단에서 시행하는 경우와 보건복지부, 환경부, 국토교통부 등 개별 부처에서 직접 시행하는 경우로 나뉜다. 국가자격의 가장 큰 장점은 국가에서 직접 주관하고 시행하기 때문에 시험의 공정성과 자격의 신뢰도가 높다는 것이다. 다만 국가자격이라도 자격증에 따라 취득 난이도 차이가 있기 때문에 개별 자격증이 취업에 도움이 되는 정도는 차이가 크다.

민간자격은 국가에서 공인하는 공인민간자격, 등록민간자격, 기타 민간자격으로 나눌 수 있다. 공인민간자격은 국가 외 단체 또는 개인이 운영하는 민간자격 중에서 사회적 수요에 부응하는 우수 민간자격을 국가가 공인해주는 자격이다. 신용위험분석사(CRA), 자산관리사(FP), 산업보안관리사, 행정관리사 등이 있다. 등록민간자격은 민간자격의 난립에 따른 폐해를 줄이기 위해 일정 요건을 갖춘 민간자격을 등록자격으로 간주한다. 등록요건이 그리 까다롭지 않기 때문에 등록된 자격이라고 해서 효용성이 보장되는 것은 아니다. 기타 민간자격은 국가에 공인 또는 등록되지 않은 민간자격을 말한다.[4-8] 등록민간자격이나 기타 민간자격의 경우 신뢰도나 활용도의 차이가 천

[그림 4-2] 자격증의 유형

차만별이므로 주관 및 시행사의 인지도, 교육과정 및 자격 평가의 신뢰도, 자격증 역사, 관련 종사자 커뮤니티의 평판 등 세부적인 사항을 잘 확인한 후 취득하는 것이 좋다.

사람에 따라 상대적이겠지만 평균적으로 자격취득에 6개월 미만의 기간이 소요되는 경우 취득이 쉬운 자격에 속한다고 할 수 있다. 취업 준비생들이 흔하게 따는 컴퓨터 활용능력자격이나 워드프로세서자격 등이 있다. 자격취득에 평균 1년~2년 정도 걸린다면 중간 정도 난이도의 자격으로 볼 수 있고, 전념해서 준비해도 2년 이상 걸린다면 그만큼 난이도가 높은 자격이라고 할 수 있다. 예를 들어 회계사, 법무사, 관세사, 감정평가사, 노무사와 같은 자격이 고등고시를 제외한 자격 가운데 난이도가 높은 자격 부류에 속한다.

합격자 사례를 분석해보면 이런 전문 자격을 취득하는 데는 평균 3~5년 정도 시간을 준비한다. 물론 똑같은 자격시험이라도 지원자의 적성과 노력 여하에 따라 매우 다른 결과를 내기도 하기 때문에 지나치게 일반화할 필요는 없다. 어쨌든 특정 자격을 취득하는 게 얼마나 어려운지를 가늠해보는 것은 중요하다. 어떤 자격증이 얼마나 가치 있는지 판단하기 위해서는 취업할 때 얼마나 가점을 받는지, 자격과정을 통해 배운 지식이 실무에 얼마나 유용한지, 또 자격 보유자들의 직업만족도까지 확인해야 한다.

이런 부분을 종합적으로 확인하기 힘들 때 쓸 수 있는 가장 쉬운 방법은 자격취득 난이도를 살펴보는 것이다. 변호사 자격이나 의사 자격을 누구나 가장 높게 인정할 수밖에 없는 이유는 그만큼 자격취득이 까다롭기 때문이다.

자격취득의 난이도는 특정 직업의 진입장벽 역할을 하기도 한다. 그래서 취득이 어려운 자격일수록 가치가 높아지고, 취득이 쉬울수록 가치가 떨어진다. 예를 들어보자. 국가자격 가운데 해양수산부에서 주관하는 도선사라는 자격이 있다. 도선사는 항구에서 선박에 승선하여 해당 선박을 안전한 수로로 안내하는 전문 인력을 뜻한다. 그렇다면 과연 도선사 자격은 얼마나 가치가 있을까? 우선 도선사는 6,000톤 이상 선박의 선장으로 3년이상 근무한 경력이 있어야 응시가 가능하다(원래 5년 이상이었는데 2019년에 자격요건이 완화되어 3년으로 줄었다). 게다가 국내 자격보유자가 250여 명밖에 없고 한 해 선발인원이 20명 안팎이다. 직접 도선사를 만나서 이야기를 들어보지 않아도 이 자격이 얼마나 취득이 어렵고 가치 있는 자격인지 느낌이 오지 않는가? 실제로 도선사는 직업 연봉순위 조사 때마다 최상위권 연봉을 받는 직업으로 언급된다.

어떤 자격이 취업에 얼마나 도움이 될지 종합적으로 판단하기 위해서 3가지 관점에서 생각해보는 것이 좋다. 첫째는 해당 자격이 자신이 하려는 일과 얼마나 관련이 있는지 여부이고, 둘째는 해당 자격을 취득하는 것이 얼마나 어려운지 여부이며, 셋째는 채용 시 해당 자격이 필수조건인지 우대조건인지 여부다. 예를 들어 국가자격 가운데 '직업상담사' 자격이 있다. 이 자격이 나에게 얼마나 가치가 있는지를 추정해보자. 먼저 내가 새로 하려는 일이 고용이나 진로상담 관련된 분야라면 직업상담사 자격은 관련성이 꽤 높은 자격이다. 다음 직업상담사는 1, 2급으로 나뉘는데 2급 자격은 초대졸 학력 수준인 사람이 집중해서 준비를 한다면 1~2년 안에 취득이 가능한 편이다. 따라서 희소성 측면에서 가치는 그렇게 높다고 보기 어렵다. 마지막으로 직업상담사 자격은 고용안정센터나 일자리센터와 같은 고용 관련 기관에 직업상담사로 취업할 때 필수자격에 해당한다. 따라서 고용관련 분야에 직업상담사로 취업하기 위해서는 유용한 자격이라고 볼 수 있다. 이와 같이 자신이 취득하고자 하는 자격증의 활용도와 취득난이도에 따라 종합적인 효용성을 판단하여 어느 정도의 시간과 비용을 투자할 것인지 결정하자.

특별한 기술을 평가하는 실기시험이 없는 자격은 독학으로 도전해도 되지만, 실기시험이 있거나 실습과정이 필수인 자격의 경우 별도의 교육기관에서 자격과정을 훈련한 후 도전하는 것이 좋다. 일반적으로 국가자격은 검정시험을 통해 취득하지만 2015년부터 '과정평가형' 자격제도가 병행되어 일부 자격은 기존의 필기시험 대신 능력 단위 평가를 통해 취득 가능해졌다. 능력 단위 평가란 국가직무능력표준(NCS)

기반으로 필기시험 의존도를 낮추고 현장에서 직업훈련을 받으면서 실제 업무활동 단위 요소를 위주로 평가하는 방식을 뜻한다.

2019년 기준 총 540여 개의 국가기술자격 가운데 143개 종목이 과정평가형 자격으로 취득이 가능하다. 예를 들어 미용사(일반), 용접, 직업상담사(2급), 사회조사분석사(2급) 등의 자격이 있다. 과정평가형 방식으로 자격을 취득하기 위해서는 과정평가형 국가기술자격을 운영하는 기관에서 교육 및 훈련을 받고 내부·외부 평가를 통해 합격 기준을 충족하여야 한다.

굳이 자격증에 도전하지 않더라도 제2의 직업에 필요한 지식과 기술을 배우기 위해서 교육훈련과정을 활용하는 것도 좋다. 직업 관련 교육훈련 과정은 국가에서 제공하는 공공 프로그램, 지정 직업훈련

[표 4-3] 고용 및 직업 훈련 관련 기관

관련 기관 한국산업인력공단, 고용복지플러스센터, 노사발전재단(중장년일자리희망센터), 서울50플러스재단, 경기도일자리재단, 중소벤처기업부(K-스타트업), 여성능력개발센터, 여성인력개발센터, 한국직업능력심사평가원, 한국콘텐츠진흥원, 한국폴리텍대학, 한국기술교육대학교
관련 사이트 워크넷, HRD-Net(직업훈련 포털), CQ-Net(과정평가형 자격), NCS(국가직무능력표준)

시설과정, 평생교육과정, 기타 학원과정 등으로 나뉜다. 또 청년, 여성, 중장년 등 교육 대상자에 따라 특화된 프로그램도 있다. 고용노동부에서 제공하는 내일배움카드제, 일학습병행제나 지방자치단체 및 기타 공공기관 연계과정인 경우 교육비용의 전액 또는 일부를 지원받을 수 있다.

직업과
—
연봉 이야기
—

한국경제연구원이 고용노동부 자료를 분석하여 발표한 〈2017년 임금근로자 연봉분석〉 자료에 따르면 전체 근로자 평균 연봉은 약 3,475만 원이며 상위 10퍼센트에 해당하는 근로자의 평균 연봉은 9,620만 원으로 나타났다. 또 대기업 정규직 평균 연봉은 6,460만 원이었으며 중소기업 평균 연봉은 대기업의 절반 수준인 3,595만 원이었다. 해당 연봉을 연봉분위 자료와 대조해보면 대기업 평균 연봉은 전체 근로자 연봉 상위 10퍼센트 하한액 정도에 해당하고, 중소기업 평균 연봉도 7분위, 즉 상위 30~40%의 평균 연봉 정도에 해당된다.

중장년의 나이에 제2의 직업에 뛰어드는 경우 나이나 경력유무 때문에 첫 직업보다 낮은 소득을 감수해야 하는 경우가 많다. 그럼에도 불구하고 50대까지는 가계지출이 늘어날 시기이기 때문에 연봉에 민감할 수밖에 없다. 따라서, 제2의 직업을 선택하기 전에 그 직업에 종사했을 때 어느 정도 소득을 올릴 수 있는지 가늠해보는 것은 중요하다. 그런데 우리는 자신이 직접 해본 일이나 주변의 지인이 하는 일 외에는 개별 직업의 연봉수준에 대해서 잘 모르는 경우가 많다. 그러다 보니 출처가 불확실한 정보를 근거로 특정 직업의 연봉에 대해서 편견을 갖기 쉽다. 그렇다면 직업에 대한 연봉정보를 활용할 때 어떤 점을 주의하는 것이 좋을까?

먼저 평균의 개념을 제대로 이해할 필요가 있다. 미디어 상에서 어떤 직업의 연봉에 대해서 이야기할 때 평균 연봉이라는 개념을 가장 많이 사용한다. 수학적으로 평균 연봉은 산술평균을 뜻한다. 그 직업 종사자의 개별 연봉의 총합을 종사자 수로 나눈 것이 산술평균한 연봉이다. 그런데 이런 산술평균은 개별 값들의 분포를 자세히 나타내지 못하고 극단적으로 높거나 낮은 값이 포함되면 전체 평균을 확 높이거나 낮추기도 한다. 예를 들어 A라는 직업 종사자 4명이 있는데 이들 각각의 연봉이 3,200만 원, 3,800만 원, 4,000만 원, 5,000만 원이라면 이 직업의 평균 연봉은 4,000만 원이다. 이와 같이 실제 상황은 B라는 직업을 선택한다고 해도 4,000만 원의 연봉을 받게 될 수도 있고 그 이하나 그 이상을 받게 될 수도 있는 것이다. 그런데 사람들은 특정 직업의 평균 연봉이 얼마라고 하면 그 직업에 종사하면 대부분 그 정도 소득을 얻을 수 있다고 생각하는 경향이 있다.

사실 이보다 더 편향된 경우도 있다. B라는 직업에 종사하는 지인의 연봉을 듣게 되면 "B라는 직업에 종사하면 ○○○만큼 벌 수 있대…"라는 식으로 일반화를 한다. 결과적으로 특정 직업이 지나치게 과대포장되거나 지나치게 과소포장되는 일이 생긴다. 내가 갖고 있는 정보가 팩트라고 해서 항상 전체를 다 설명해주는 것은 아니다.

그렇다면 동일 직업에 종사하더라도 연봉의 차이를 가져다주는 요인은 무엇일까? 동일 직업에서 연봉의 차이를 만드는 주요 요인은 바로 소속회사, 경력, 능력·성과로 볼 수 있다.

먼저 회사에 따라 연봉이 다를 수 있다는 것은 누구나 아는 사실이다. 하지만 사람들은 주로 큰 회사일수록 연봉을 많이 준다고 생각한다. 단순히 매출이 크거나 직원 수가 많다고 연봉을 많이 준다기보다는 영업이익이 안정적이고 큰 회사일수록 연봉을 많이 주는 경향이 있다. 또 버스운전과 같이 매우 정형화된 일을 하는 직업에서도 소속에 따라 처우조건이 크게 달라지는 경우를 볼 수 있다. 한국노총 중앙연구원에 따르면 준공영제를 실시하여 전국에서 가장 좋은 처우를 받는 것으로 알려진 서울시 노선버스 운전사의 월급여는 400만 원 수준이다. 월평균 근로시간은 약 215시간 정도라고 하니 환경미화원이나 경비원과 같은 단순 노무직에 비하면 매우 좋은 처우인 셈이다.

반면에 마을버스나 일부 지방 노선버스의 경우 서울시 노선버스보다 훨씬 적은 임금을 받는 경우도 있다. 모 지방 노선버스 운전사의 경우 서울보다 한 달에 50시간 정도 더 일을 하고 월 50만 원 정도 적은 임금을 받는다고 한다. 운전과 같이 특별히 일을 잘한다 못한다 평가할 요소가 적은 직업에서조차도 이런 차이가 발생하니 회사를 잘 고르는 것도 중요하다고 할 수 있다.

또 전문성이나 숙련된 기술이 중요한 직업일수록 경력이 쌓여가면 급여가 비례하여 올라간다. 그리고 성과에 대한 평가가 용이한 직업일수록 성과급이 연봉에 영향을 끼치는 경우가 많다. 이런 원리는 회사원이 아닌 프리랜서 같은 1인 직업 종사자에게도 적용된다. 예전에 필자가 도배사라는 직업에 대해서 조사해본 적이 있다. 우리나라 주거문화 특성상 도배사는 기술직 중에서도 주변에서 쉽게 볼 수 있는 직업이다. 필자의 집에서도 몇 번 도배를 한 적이 있어 방문한 도배사분들께 직접 물어보기도 하고 인테리어 사업을 하는 분들과 이야기를 나눈 적도 있다. 재미있는 것은 도배사에 대해 "돈도 못벌고 힘든 직업이다"라고 하는 사람이 있는가 하면, 도배사가 "꽤 괜찮은 직업"이라고 하는 사람도 있다는 것이다.

종사자들의 이야기를 종합해본 결과 도배사의 소득에 영향을 주는 요소는 기술숙련도와 영업능력이었다. 일단 기술숙련도에 따라 일당이 10만 원 이하에서 20만 원 이상으로 2배 가까이 차이가 났다. 또 도배사는 대부분 프리랜서로 일을 하기 때문에 지속적으로 일감을 확보하는 능력이 중요하다. 실력이 매우 뛰어나거나 온오프라인을 통해 스스로 영업을 할 수 있는 사람은 한 달에 20일 가까이 일감을 받아놓고 출장 다니기 바쁜가 하면 실력이 평균 이하거나 영업능력이 떨어지는 사람은 일을 할 수 있는 날이 들쑥날쑥 했다. 그러니 능력이 있는 도배사에게는 웬만한 회사원 수준의 돈을 벌 수 있는 직업이 되기도 하고, 능력이 부족한 도배사에게는 힘들기만 하고 소득도 만족스럽지 못한 직업이 되기도 하는 것이다. 이처럼 자신이 하려는 직업의 소득을 좌우하는 요인으로 어떤 것이 있는지 고려하고 각 요인별로 자신의 능력이 어느 정도인지 파악하면 보다 현실적인 기대 소득을 추정할 수 있을 것이다.

또 하나 직업의 연봉을 파악할 때 꼭 알아야 할 점이 있다. 직업에 따라 초봉이 비슷해도 경력에 따른 연봉 상승률은 다를 수 있다는 것이다. 무슨 이야기냐 하면 직업에 따라서 그 일을 처음 할 때 받는 연봉은 비슷하지만 경력이 쌓이거나 성과를 낼수록 비례해서 연봉이 잘 올라가는 직업이 있고 그렇지 않은 직업이 있다는 것이다.

[표 4-4]를 보자. 초봉이 2,000만 원 초반인 10개의 직업을 샘플로 선정하여 경력 10년 이상이 되었을 때 평균 연봉을 비교해봤다. 그 결과 10년 이상 경력이 쌓였을 때 연봉상승률이 최저 33퍼센트에서 최대 113퍼센트로 직업에 따라 80퍼센트나 차이가 있었다. 연봉상승률이 높은 직업을 보면 주로 전문적인 지식이나 기술이 요구되는 직업이다.

[표 4-4] 경력기간에 따른 임금 상승률

직업군	1년 미만 평균 연봉(만 원)	10년 미만 평균 연봉(만 원)	연봉 상승비율
여행 안내 및 접수 사무원	2,000	3,480	74%
하역 및 적재 단순 종사원	2,020	3,670	85%
매장 판매직	2,050	3,560	74%
금형 주조 및 단조원	2,170	4,200	94%
용접원	2,210	4,520	105%
회계 및 경리 사무원	2,210	4,160	88%
통계 관련 사무원	2,290	4,880	113%
건축 마감 관련 기능 종사자	2,330	3,770	62%
제관원 및 판금원	2,360	3,140	33%
자동차 정비원	2,370	4,450	88%

- 참고자료 : 고용노동부 & 한국고용정보원 임금 근로시간 정보시스템
- 본 자료의 평균 연봉은 고용노동부의 '고용형태별 근로실태 조사 임금구조부문'의 최신 자료를 바탕으로 임금상승률을 반영하여 2013년 연간임금수준을 추정한 자료임(연간임금=정액급여+특별급여)
- 본 진단은 농업, 임업 및 어업, 가사 서비스업, 정부기관을 제외한 5인 이상 규모 사업체의 전일제 상용근로자를 대상으로 추정한 자료로 개별 직업의 실제 연봉과는 차이가 있음.

직업에 따른 연봉 특성의 차이를 보여주는 또 다른 자료를 살펴보자. 다음의 [표 4-5]는 평균 연봉 2,000만 원 중반에서 3,000만 원 후반 사이인 일부 기술직과 서비스직의 임금을 분석한 자료다. 본 자료에는 각 직업의 하위 25퍼센트, 상위 25퍼센트에 해당하는 연봉 정보까지 나와 있다. 흥미로운 것은 직업마다 상하위 분위에 따른 연봉 특

성도 꽤 차이가 난다는 점이다. 예를 들어 '건설 및 채굴기계 운전원'
과 '하역 및 적재 단순 종사원'이라는 직업의 하위 25퍼센트 연봉은
2,000만 원 초반으로 매우 비슷하다. 그런데 두 직업의 상위 25퍼센
트 연봉은 각각 약 4,500만 원과 3,800만 원 수준으로 약 700만 원 정
도 차이가 난다. 이러한 차이가 나는 이유로는 앞서 말한 요인, 즉 전
문성, 기술숙련도, 경력기간, 능력, 성과 등의 영향으로 보인다.

[표 4-5] 직업별 평균 임금 분석

직업군	추정 근로자(명)	평균연봉 (천 원)	하위 25%	중위값	상위 25%	하위 25%/상위 25% 차이 비율
판매 관련 단순 종사원	226,737	24,506	18,858	21,875	26,865	42.5%
조리 및 음식 서비스직	522,136	25,852	19,100	23,876	29,468	54.3%
경비원 및 검표원	340,000	22,500	19,200	21,300	24,000	25.0%
건설 관련 기능 종사자	102,158	33,775	20,789	29,897	42,548	**104.7%**
건설 및 채굴 기계 운전원	50,142	34,991	20,789	31,712	45,764	**120.1%**
하역 및 적재 단순 종사원	124,740	31,997	20,953	27,488	38,627	84.4%
배달원	71,218	28,488	21,133	26,789	33,431	58.2%
방문 노점 및 통신판매 관련직	181,00	29,900	21,200	25,600	33,500	58.0%

목재 및 종이 관련 기계조작원	130,565	31,888	21,451	27,566	37,783	76.1%
고객 상담 및 기타 사무원	505,688	30,539	21,494	26,314	33,635	56.5%
배관공	70,012	35,488	21,801	31,053	45,151	**107.1%**
전기공	191,442	38,777	22,231	33,207	48,508	**118.2%**

출처: 임금근로시간정보시스템(고용노동부)

사실 모든 직업의 연봉 정보를 위 자료처럼 상세하게 파악하기는 어렵다. 그러나 정보수집의 한계가 있더라도 한두 사람의 연봉만으로 해당 직업의 평균적인 연봉이나 최고 연봉을 추정하는 실수를 하지 말자. 평균 연봉도 중요하지만 그보다 그 직업을 잘 수행하거나 경력이 쌓일수록 급여가 얼마나 오를 수 있을지를 가늠하는 것이 더 중요하다. 어떤 직업의 상위 분위 연봉이 높은 편이고 그 직업이 나에게 최적의 직업인 경우가 최상의 상황이라고 할 수 있다.

—

창업도 직업이다

——

요즘 미디어를 접하다 보면 위기의 자영업자라는 기사가 많이 나온다. 그럼에도 불구하고, 아직도 직장을 그만두고 창업을 한다고 하면 부러워하는 사람들이 많다. 왜 그럴까?

첫째는 자기 사업체니까 자기 마음대로 할 수 있을 거라는 생각 때문이다. 둘째는 창업을 할 수 있는 자금을 갖고 있다는 것에 대한 부러움이다. 아무리 소규모 창업이라고 해도 최소한 몇 천만 원에서 몇 억 정도의 자본이 들지 않는가? 하지만 창업에 대한 부러움이 안타까움으로 변하는 데는 채 1~2년도 걸리지 않는다. "OO

네 가게 망했다며? 개업할 때는 좋아 보였는데 안됐어…" 이런 소문을 듣는 것도 어렵지 않다. 분명 취업도 어렵지만 창업은 더 어려울뿐더러 실패했을 때 감당해야 할 일도 많다. 그렇다고 모두 창업을 포기해야 하는가? 그렇지 않다. 창업이란 것은 원래 위험을 감수하고 뛰어드는 것이다. 위험을 감수하고서도 뛰어들어 볼 만한 아이템과 창업가 적성을 가진 사람들은 창업에 도전하는 것도 좋은 선택이 될 수 있다.

이 책은 창업에 대한 책이 아니라 직업에 대한 책이다. 따라서 사업의 관점보다는 직업의 관점에서 창업에 대해 이야기를 할 것이다. 이번 장을 통해서 과연 나는 창업가DNA가 얼마나 있는지 판단해보도록 하자.

창업도
—
직업이다
—

우리나라의 경우 학교를 졸업하자마자 창업을 하기보다는 길든 짧든 직장생활을 하다가 창업을 하는 경우가 많다. 그러다 보니 창업을 월급쟁이 생활의 대안 격으로 생각하기 쉽다. 창업이 또 다른 직업을 선택하는 행위라거나 노동의 일환이라는 생각은 하지 못한다. 하지만 창업한 사람을 창업가나 기업가라고 부르지 않는가?[5-1] 결국 창업을 하는 사람은 창업가나 기업가라는 직업을 선택하는 것이라고 볼 수 있다.

창업을 결정하기 위해서 창업 아이템이나 자금만 고민해서는 안 된다. 푸드트럭을 시작하든 벤처기업을 시작하든 직업의 관점에서 자신이 창업가라는 직업에 흥미나 적성이 맞는지 또는 창업가로서 나의 장단점은 무엇인지도 따져볼 필요가 있다.

창업가라는 직업은 미국의 심리학자 홀랜드(John L. Holland)가 개발한 직업흥미 모형에서 진취형[5-2] 직업군에 속한다. 진취형 직업은 '자기주도적이면서 여러 사람들 앞에서 리더십을 발휘하거나 타인을 설득하는 일'과 같이 정의된다. 창업가라고 하더라도 개인 성향은 다르겠지만 자기주도성이나 리더십을 지니는 것은 성공적인 창업가가 되기 위해 매우 중요하다. 또한 창업가는 다양한 일을 신경 써야 한다.

성장한 기업을 경영할 때는 업무를 전문적으로 수행하는 직원들이 이미 포진해 있기 때문에 리더로서의 역할만 잘해도 충분하다. 하지만 소위 벤처기업이나 스타트업(start-up)이라 불리는 설립 초기의 기업을 운영할 때는 전략기획, 마케팅, 영업, 관리 등 회사를 경영하는 데 필요한 모든 부분을 직접 신경 써야 한다. 따라서 자기주도성과 리더십 외에도 창의성, 관리능력, 공감능력, 문제해결 능력, 커뮤니케이션 스킬, 추진력, 도덕성 등 뛰어난 창업가가 되는 데 필요한 요소는 다양하다. 오히려 이런 다양한 요소 가운데 치명적으로 부족한 요소가 없는 것이 더 중요하다고 볼 수도 있다.

이렇듯 창업가에게 필요한 특성을 학계에서는 '창업가 정신'이라고 칭하며 오랫동안 연구를 해왔다. 그 가운데 창업가 정신으로 가장 많이 언급되는 3가지 특성이 혁신성, 진취성, 위험감수성이다. 지금부터 창업가 특성을 깊이 이해하기 위해 이 3가지 특성에 대해 자세히 알아보자.

나의 창업가 유전자는
—
얼마나 될까?
—

저명한 경제학자였던 슘페터(Schumpeter)는 자본주의 경제의 발전 과정을 파괴, 적응, 회복이 반복되는 과정으로 보았다. 그는 파괴의 단계에서 기업가에게 요구되는 특성으로 '혁신'(innovation)이라는 개념을 사용하였다.

혁신성이란 기존의 방식에서 벗어나 새로운 변화를 가져오는 행위를 뜻한다. 변화의 대상은 제품, 서비스, 콘텐츠, 프로세스 등 다양하다. 이러한 혁신성은 자영업보다는 기업형 창업에서 더욱 강조된다고 볼 수 있다. 기업형 창업은 자영업 창업보다 진입장벽이 높은 경우가 많다. 진입장벽이 높을수록 새로 시작한 기업보다 이미 사업을 하고 있는 기업이 유리하다. 따라서 기업형 창업을 성공시키려면 사업모델이든, 기술력이든 마케팅 전략이든 인적자원이든 일부라도 혁신적인 측면을 가지고 있어야 한다. 물론 자영업 창업자도 혁신적인 성향을 가지고 있다면 사업에 성공할 확률은 높아진다.

TV 프로그램 〈백종원의 골목식당〉을 떠올려 보자. 매장이 가장 크거나 메뉴가 가장 많다고 장사가 제일 잘되는 것은 아니다. 심지어 손님이 많이 오는데도 실제 수익은 별로인 식당도 있다. 소규모 식당을 창업하더라도 메뉴나 조리법, 서비스에 있어 차별화하지 못한다면 살아남기 어렵다. 혁신이라고 해서 반드시 거창해야 할 필요는 없다. 내가 하는 일과 사업에서 작지만 새로운 변화를 만들어낼 수만 있어도 좋다. 1인분 조리하는 시간을 15분에서 10분으로 줄였다면 이것도 혁신이다. 중요한 것은 이런 크고 작은 혁신을 누가 시키거나 알려줘서 하는 것이 아니라 스스로 창조해낼 수 있어야 한다는 것이다.

사실 〈백종원의 골목식당〉이란 프로그램 전에도 장사가 안되는 매장을 찾아가서 컨설팅해주는 프로그램이 인기를 끌었던 적이 있었다. 하지만 TV 프로그램을 통해 문제를 지적 받고 서비스를 개선했던 가게들이 TV 출연 후 일시적으로 손님이 들끓다가 다시 원래 모습으로 돌아가는 경우가 많았다. 주된 원인은 경영자 자신이 끊임없이 혁신을 추구해야 하는데 일시적으로 외부의 힘을 빌려와 혁신을 했기 때문이다.

지속가능한 혁신은 주로 창업자의 내적 동기에서 시작된다. 혁신성을 유전자로 지닌 창업자는 새로운 변화를 만들어 내기 위해서 현재에 만족하지 않고 더 나아지려는 욕구가 있다. 잠시 책을 덮고 내자신이 평소에 얼마나 혁신적인 태도를 취하고 있는지 생각해보자. 가정이나 회사에서 무엇인가 불편한 것이 있으면 개선하려고 노력한 적이 있는가? 이미 익숙해졌고 커다란 문제가 발생하지도 않았지만 더 발전하기 위해 새로운 아이디어를 제안해 본 적은 있는가?

사실 혁신성은 개인보다는 조직 단위에서 많이 사용하는 용어다. 개인의 관점에서는 혁신성보다 창의성을 살펴보는 것이 더 이해가 쉽다. 창의성에는 5가지 하위 요소가 있다. 독창성, 유창성, 융통성, 민감성, 정교성이다. 먼저 독창성은 남과 다른 자신만의 생각이나 아이디어를 제시하는 능력을 뜻한다. 독창성이 뛰어난 사람은 주로 직관적인 인지와 사고를 하는 경우가 많다. 직관적 인지란 세세하게 부분에 초점을 맞추기보다는 전체적인 부분 또는 핵심적인 부분을 먼저 보는 것을 뜻한다. 또, 직관적 사고를 선호하는 사람은 일일이 근거를 대거나 설명하기는 어렵지만 통찰력을 바탕이 되어 내면에서 순간적으로 아이디어가 떠오르는 경우가 많다.

여기에서 한 가지 주의해야 할 점이 있다. 흔히 '창조성 = 독창성'이라고 생각하는데 사실 독창성은 창조성의 하위 요소다. 미술, 음악, 문학과 같은 예술행위에 있어서는 머릿속의 상상을 글이나 그림, 악보에만 담으면 되기 때문에 독창성만으로 창조적인 결과물을 만들어 낼 수 있다. 하지만 비즈니스 세계에서는 아무리 독창적인 아이디어가 떠올랐다고 하더라도 실제 구현해 낼 수 없다면 의미가 없다. 단순히 미적 관점으로 자동차를 멋있게 그리는 것과 성능, 연비, 편의성, 안전성, 가격 등을 모두 고려한 자동차를 디자인하는 것은 천지 차이다.

유창성은 다양한 아이디어를 많이 낼 수 있는 능력을 뜻한다. 주어진 시간과 정보가 같음에도 불구하고 남보다 더 많은 아이디어를 낼 수 있다면 창의적인 결과물을 만들어낼 가능성이 높아진다. 한두 번 창의적이고 혁신적인 아이디어를 냈다고 해서 성공하리라는 보장은 없다. 특히 소비자들의 선호도는 변화무쌍하다. 따라서 제한된 시간 안에 아이디어를 많이 도출해 낼 수 있다면 그중 하나가 성공할 확률은 높아진다.

융통성은 같은 상황에서 다양한 각도로 접근할 수 있는 능력을 뜻한다. 대인관계에서는 '이래도 좋고, 저래도 좋다'는 식으로 자기 주관이 없는 사람이 융통성 있다고 착각하는 경우가 많다. 하지만 창의성 관점에서 융통성은 고정관념 없이 다양한 관점으로 아이디어를 낼 수 있는 능력을 뜻한다.

민감성은 사람들이 간과하고 지나칠 수 있는 일에도 빠르게 반응할 수 있는 특성을 말한다. 필자가 창의성 교육을 할 때 더욱 강조하는 요소가 바로 민감성이다. 관계지향적인 우리나라 문화에서는 예민한 반응을 단점으로 치부하는 경향이 있다. 하지만 직업의 관점에서 남들이 느끼지 못하거나 지나치는 것을 볼 수 있다는 것은 매우 좋은 장점이다.

21세기 전까지 혁신의 아이콘 하면 가장 먼저 떠오르는 인물은 발명왕 토머스 에디슨이다. 그는 세계적인 기업 제너럴일렉트릭(General Electric)을 설립했는데 회사 직원들을 뽑을 때 보는 면접 방식에 대한 일화가 하나 있다. 그는 면접전형에서 지원자 앞에 스프와 소금을 준비해놓고 먹도록 시켰다고 한다. 그런데 스프의 맛을 보기 전에 먼저 소금을 넣는 사람은 면접에서 탈락시켰다. 자기 앞에 주어진 상황을 미리 속단하는 것을 좋지 않게 봤기 때문이라고 한다.

이 이야기는 주로 고정관념에 대한 테스트로 회자된다. 앞서 말한 융통성과 관련된 테스트로 볼 수 있다. 하지만 그보다는 민감성의 문제로도 볼 수 있다. 어차피 테이블에 스프와 숟가락만 있었다면 대부분의 지원자들은 그냥 스프를 먹었을 것이다. 하지만 스프 옆에 소금이 따로 있다는 것 자체를 민감하게 반응해야 스프에 간이 되어 있지 않을 수도 있다는 생각이 가능할 것이다. 전기, 전화, 축음기 등 세상을 뒤바꿀 정도의 혁신적인 발명품을 만들어낸 그가 창의성의 하위 요소인 민감성의 중요성을 자기도 모르게 느끼고 있지 않았을까? 다양한 자연현상과 과학실험 현장에서 평범한 사람들은 미처 보지 못하는 부분을 감지하는 능력이 에디슨의 창조와 혁신성의 원천 가운데 하나였을 것이다.

20세기 혁신의 아이콘이 에디슨이었다면 21세기 혁신의 아이콘은 단연 스티브 잡스일 것이다. 스티브 잡스하면 애플II, 매킨토시, 아이팟 등 다양한 제품이 떠오르지만 그를 전 세계적으로 유명한 CEO로 만들어 준 제품은 바로 아이폰이다. 아이폰을 비롯한 애플의 제품은 무엇보다 간결하고 세련된 디자인과 편리한 UI(User Interface)가 특징이다. '불편하면 불편한대로 쓴다'는 주의로는 이런 혁신적인 제품을 만들 수 없다. 이렇게도 바꿔보고 저렇게도 바꿔보고 무조건 추가를 하기보다는 작은 부분 하나라도 더 제거를 해서 만들어진 것이 애플의 제품이고, 그 배경에는 남들이 지나칠 수 있는 작은 부분까지 놓치지 않는 민감성이 큰 역할을 했다고 볼 수 있다.

정교성은 떠올린 아이디어를 보다 구체화하고 실현 가능하도록 다듬을 수 있는 능력을 뜻한다. 독창성이 직관적인 기질을 더 요구한다면, 정교성은 오감을 활용하여 현실적이고 세부적인 인지와 사고를 할 수 있는 기질을 요구한다. 기발한 아이디어가 있다고 창업에 성공한다거나 창업가 자질이 충분하다고는 볼 수 없다. 그 아이디어를 구체화하고 실제로 구현하는 데 요구되는 특성과 역량이 있는지 스스로 확인해볼 필요가 있다. 이와 같이 창업 현장에서 혁신성이나 창의성이 발휘되기 위해서는 다양한 세부 요소들이 종합적으로 발휘되어야 한다.

혁신성과 더불어 창업가 정신으로 자주 언급되는 진취성과 위험 감수성을 살펴보자. 진취성이란 적극적으로 일을 추진하고 결과물을 만들어내는 능력을 뜻한다. 아무리 머릿속에 획기적인 사업 아이디어가 떠올랐어도 말로만 떠벌여 봤자 소용없다. 초고속으로 정보가 공유되는 시대일수록 '선점효과'의 중요성이 커지고 있다. 선점을 하기 위해서는 추진력을 가지고 과감하게 실행하려는 의지를 가져야 한다. 따라서 창업가가 되려는 사람은 남보다 빨리 실행에 옮길 수 있는 진취성과 도전정신을 갖추고 있어야 한다.

스마트폰을 활용한 플랫폼 사업의 성공신화를 만들어낸 '배달의민족' 사례를 보자. 솔직히 '배달의민족'이 제공하는 배달대행 서비스 자체는 참신한 아이디어라고 보기 어렵다. 이미 중국집이나 피자 전문점에서는 수십 년 전부터 배달 서비스를 해왔기 때문이다. 그러나 그들은 스마트폰과 1, 2인 가구의 증가라는 새로운 트렌드를 간파한 후 온라인 배달대행 플랫폼을 남보다 빠르게 선보였다. 사업모델이 단순하기 때문에 빠른 추진력과 도발적인 마케팅을 통해서 시장을 선점한 전략이 주요했던 것이다.

기술과 트렌드의 변화는 갈수록 빨라지고 있다. 빠른 변화에 적응하고 시장을 선도하기 위해서는 실행력의 모태가 되는 진취성이 더욱 중요해질 것이다.

위험감수성은 위험요소를 제대로 인지하지도 못하고 무모하게 사업에 뛰어드는 태도를 말하는 것이 아니다. 내가 하려는 사업의 위험요소를 충분히 파악하고도 쉽게 포기하는 것이 아니라 내가 취할 수 있는 강점을 살려서 그 위험을 극복하려고 하는 자세를 뜻한다. 따라서 위험감수성에서 중요한 것은 균형이라고 할 수 있다. 지나치게 보수적이거나 지나치게 급진적인 성향은 성공적인 창업에 방해가 될 수 있다는 것을 기억하자.

지속가능한 성공을 위해서는 위험감수성과 더불어 위기관리 능력을 갖추는 것도 필요하다. 위기관리 능력은 한마디로 위험이나 위기를 잘 감지하여 대비하거나 극복해낼 수 있는 능력을 뜻한다. 위기관리를 잘하기 위해서는 창의성과 마찬가지로 민감성이 요구된다. 경쟁자나 직원들이 느끼지 못하는 위기요소를 인지한 후 문제해결 능력을 발휘하여 적절한 판단을 내릴 때 사업의 지속가능성을 높일 수 있다.

창업가와의 대화

송교석 대표는 2017년 AI(인공지능) 기반의 의료진단 및 치료 솔루션을 개발하는 회사 메디픽셀을 설립했다. 현재 국내 유수의 의료기관과 협력하여 제품 상용화 중이다. AI 분야는 수년 전부터 가장 뜨거운 관심을 받는 분야다.

Q 대표님의 경우 40대 후반에 창업을 하셨는데요, 기업형 창업을 시작하기에 유리한 나이대가 있다고 생각하십니까?

저희 회사는 최첨단 AI 기술을 활용하는 솔루션을 개발하는 곳입니다. 그러다 보니 젊은 직원들이 많은데요. 사장 입장에서 항상 젊은 직원들과 눈높이를 잘 맞추고 싶지만 나이 차이가 꽤 있다 보니 그게 잘 안될 때도 있더군요. 그럴 때는 저 스스로 좀 더 젊을 때 창업을 했으면 직원들과 소통이 쉬웠을 수도 있겠다는 생각을 합니다. 또 창업가는 어쩔 수 없이 위험을 감수해야 하기 때문에 30대에 창업을 하면 더 좋지 않나 생각할 때도 있습니다. 아무래도 40~50대가 되면 가정을 생각해서라도 과감한 결정을 내리기 어려울 때가 있거든요. 어쨌든 저의 경우를 말한 것이고요. 창업을 위한 적정 연령이란 따로 없는 것 같습니다. 오히려 나이가 중요하다기보다 다양한 연령대의 사람들을 상대하고 포용할 수 있는 태도가 중요하다고 할까요?

Q 창업 전에는 어떤 일을 하였습니까? 과거 경력과 현재 사업은 얼마나 관련이 있는지요?

IT 개발자로 시작해서 사내벤처까지 운영해봤습니다. 사내벤처도 스타트업(start-up)이나 마찬가지니까 창업에 필요한 경험을 미리 해본 셈입니다. 현재 회사도 첨단 IT 기술을 활용하니 과거 경력과 관련이 있습니다. 하지만 의료 분야 솔루션이라는 측면에서는 전혀 새로운 분야라고 볼 수도 있습니다. 몇 해 전 AI 기술을 활용하는 대회에 참가하면서 자연스럽게 의료기관과 함께 연구를 시작하게 되었는데요. 요즘 의료 분야에서도 최첨단 기술을 활용하는 것이 화두이다 보니 서로 매력을 느끼게 되어 협업을 하게 되었습니다. 종합하면 절반은 과거 경력과 관련이 있고 절반은 새로운 영역이라고 할 수 있겠습니다.

Q 제2의 직업으로 창업을 선택하게 된 계기가 궁금합니다.

이직을 고려해보기도 했지만 얼마나 오래 회사생활을 할 수 있을지 확신이 서지 않았습니다. 반면에 사내벤처를 경영해본 경험이 있어서 그런지 창업에 대한 막연함 두려움은 없었습니다. 물론 인공지능이라는 매력적인 분야가 나타난 것도 제가 창업을 결정하는 데 적지 않은 역할을 한 것 같습니다.

Q 창업을 시작할 때만큼은 누구나 자신감이 충만할 것 같습니다. 혹시 사업에 실패하면 재기가 불가능할 정도로 큰 타격을 받는다고 생각하십니까?

사업에 실패했을 때 얼마나 타격을 받는지 여부는 CEO의 판단에 달려있다고 생각합니다. 예전에 저희 사내벤처팀이 분사해서 만든 회사가 결과적으로 성공하지는 못했는데요. 다행히도 적절한 시기에 사업을 정리하여 큰 문제가 발생하지 않았습니다. 최악의 상황까지 가기 전에 빠른 판단을 할 수 있다면 사업에 실패하더라도 재도전을 할 수 있는 기반이 될 수 있다고 생각합니다. 실패 여부보다는 실패를 통해 무엇을 배웠는지가 중요한 거죠.

Q 창업가도 하나의 직업이라고 볼 수 있습니다. 창업가라는 직업에 필요한 자질은 무엇이라고 생각하십니까?

창업가를 하려면 흔히 말하는 멘탈이 강해야 할 것 같습니다. 창업가는 때로는 지독하게 외로울 때도 있고 엄청난 압박감을 참고 견뎌야 할 때도 있습니다. 사람의 문제든 상품의 문제든 자금의 문제든 결국 창업가가 모두 책임지고 결정해야 하기 때문입니다. 그런 면에서 스스로 동기부여를 할 수 있어야 하고 책임감과 끈기도 중요하다고 볼 수 있겠습니다.

Q 창업을 하면서 가장 어려웠던 일은 무엇입니까?

직원을 채용하는 일인 것 같습니다. 능력을 떠나 주인의식을 가진 직원을 뽑는 것도 힘들고, 우수한 인력을 어렵게 찾아내도 입사시키기까지 엄청난 공을 들여야 합니다. 인사가 만사라는 말은 정말이지 명언이라고 생각합니다. 만약 정말 좋은 사업 아이템이 있다면 그 다음은 사업 초기 인력을 어떻게 구성할 것인지에 대해서 많은 고민을 하라고 강조하고 싶습니다.

Q 기업형 창업은 자영업보다 초기 자본이 많이 들 것이라 생각하는 분들이 많습니다. 기업형 창업을 하려면 정말 많은 자본이 필요한가요?

그렇게 생각하지 않습니다. 제 경우만 보더라도 그렇고, 요즘 국가 차원에서도 고용창출을 위해 창업을 독려하는 분위기입니다. 여러 기관에서 지원해주는 창업지원금도 많고 비즈니스모델만 좋다면 민간투자를 유치하는 것도 가능합니다. 단 충분히 차별화되고 경쟁력 있는 사업모델을 가지고 있어야 한다는 전제조건이 있습니다. 보통 사람들 입장에서 10퍼센트의 가능성과 30퍼센트의 가능성은 어차피 낮은 것 아니냐고 할 수 있지만 투자자 입장에서는 커다란 차이일 수 있습니다.

ⓠ 제2의 직업으로 기업형 창업을 고민하는 분들께 또 다른 조언을 해주신다면요.

창업을 하는 것과 창업이 성공하는 것과는 별개인 것 같습니다. 성공적인 결과를 얻기 위해서는 최초 예상보다 훨씬 많은 시간이 지나야 한다는 것을 명심해주시면 좋겠습니다. 또 어려운 상황에 닥치면 직원은 물러날 수 있어도 사장이 물러날 수는 없습니다. 창업가는 사명감과 일관성을 가지고 어떤 상황에서도 묵묵히 앞으로 발을 내디딜 수 있어야 합니다.

기업형 창업가 vs

자영업형 창업가

경제 이론 중에 생산의 3요소라는 것이 있다. 어떤 제품을 생산하기 위해서 반드시 필요한 요소를 뜻하는 것으로 토지, 자본, 사람이 그것이다. 그렇다면 창업의 3요소를 정의해본다면 어떠한 것들을 떠올릴 수 있을까? 바로 사업 아이템, 자본, 창업가라고 할 수 있다. 사업 아이템이란 판매하고자 하는 제품이나 서비스 또는 그와 관련하여 특화된 기술 등을 뜻한다. 자본은 사업에 필요한 돈이고, 창업가란 창업을 하는 주체가 되는 사람을 뜻한다.

앞서 창업가 정신에 대해 이야기했지만, 같은 창업가라 하더라도 기업 형태와 사업내용에 따라 우선 요구되는 자질은 다를 수 있다. 창업은 사업체 특성과 기업 형태에 따라 기업형 창업과 자영업형 창업으로 구분할 수 있다. 기업형 창업이란 지속적인 성장을 목표로 자본과 인력을 최대로 투입하여 시작하는 사업을 의미한다. 제조, IT, 서비스 등 우리가 알고 있는 모든 업종에서 기업형 창업을 할 수 있다. 대부분 법인 형태이며 최소 5~10명 이상의 직원으로 시작하지만 사업이 확장되기 시작하면 급속도로 직원을 채용하게 된다. 흔히 벤처기업이나 스타트업(start-up) 또는 중소기업이라고 부른다.

기업형 창업은 단순히 자본만 있다고 할 수 있는 창업이 아니다. 차별화된 비즈니스모델, 독자적인 기술, 투자자금, 사업에 적합한 인력 등 창업가로서 자질뿐 아니라 환경적인 측면에서도 여러 조건이 잘 맞아야 시도할 수 있는 영역이라고 할 수 있다. 백신 소프트웨어 V3로 유명한 안랩이나 카카오톡으로 엄청난 성장을 한 카카오와 같은 회사도 처음에는 몇 안 되는 직원으로 시작한 벤처기업이었다. 대한민국에서 가장 유명한 기업 중 하나가 된 네이버도 대기업의 사내벤처로 시작된 회사다.

반면에 자영업형 창업이란 개인이 사업의 주체가 되며, 주로 일반 소비자 대상의 사업을 하는 창업을 뜻한다. 도소매업, 음식업, 서비스업이 주축을 이루며 우리가 흔히 거리에서 볼 수 있는 식당, 카페, 편의점, 미장원 등이 이에 속한다. 자영업이라고 해서 창업에 필요한 자금을 준비하는 것이 쉬운 것은 아니다. 일반적으로 자영업을 시작하려면 최소 수천 만 원에서 몇 억 정도의 자금이 필요하다. 창업진흥원에서 실시한 〈2017 창업기업실태조사〉에 따르면 창업에 드는 자금은 평균 3억 원 정도라고 한다. 자영업의 경우 주로 개인사업자 형태로 설립하며 직원도 최소화하는 경향이 커서 가족이나 아르바이트생을 포함하여 10명 미만의 직원으로 운영하는 경우가 많다. 일반 자영업 창업은 대부분 영세사업이나 소상공인 범주에 포함된다. 자영업형 창업의 경우에도 사업이 아주 잘되면 매장이나 직원이 늘어날 수 있는데 이런 경우 기업형으로 전환되는 과정으로 볼 수 있다.

[표 5-1] 기업형 창업과 자영업형 창업 특성 비교

	창업가 특성	자본·재무 특성	시장 특성
기업형 창업	- 사업 영역에 대한 뚜렷한 전문지식이나 구체화된 아이디어 필요 - 경영 전반에 대한 지식 - 영업, 마케팅을 위한 인적 네트워크	- 자영업에 비해 자본 및 인건비가 많이 드는 편 - 초기 매출을 일으키는 데 상대적으로 시간이 걸림 - 신기술, 신서비스, 문화 콘텐츠 등 선도 분야는 정부자금지원 및 민간투자 유치 가능	- 산업, 상품에 따라 진입 장벽 수준이 천차만별 - 주요 경쟁사 상황이 영향을 많이 줌 - 철저한 시장조사와 완성도 있는 상품기획 필요
자영업형 창업	- 관리능력(매장관리, 시간관리, 직원관리, 재무관리) - 창업 아이템에 대한 지식이나 경험 - 서비스 마인드 중요 - B2B의 경우 인적 네트워크, B2C의 경우 마케팅 센스 요구	- 임대료, 인테리어, 가맹비가 주요 비용 - 신규 개업 효과로 초기 매출은 있으나 과다경쟁 사업이 많아 영업이익률이 낮은 경우가 많음 - 별도 투자유치가 어려워 신용 대출에 의존하는 경향이 높음	- 유통, 외식업 등은 진입 장벽이 낮고 레드오션인 사업이 많음 - 상권, 주변 경쟁업체 입점 여부가 사업성공에 영향을 많이 줌 - B2C의 경우 소비자 트렌드 변화의 영향을 많이 받음

자영업은 이미 대중화된 사업을 하는 경우와 새로운 아이템으로 창업을 하는 경우로 나눌 수 있다. 지금은 아니지만 과거의 PC방, 모임공간 카페, 배달 전문점 등이 새로운 아이템을 통한 창업이라고 볼 수 있다. 최근에는 키즈카페, 출장 세차, 반려동물 셀프목욕 무인시스템 사업 등을 예로 들 수 있다. 새로운 아이템으로 창업하는 경우 주변에 유사한 매장이 없어서 고객 반응만 좋다면 일시적으로 매출이 오를 수 있다. 하지만 진입장벽이 낮을 경우 수요가 늘면서 경쟁 매장도 늘어날 수 있다는 점을 염두에 두고 꾸준히 상품과 서비스 개선을 위해 노력해야 한다.

그렇다면 창업을 하려는 나에게 어떤 형태의 창업이 더 맞을까? 창업가로 또 환경요소로 어떤 강점을 가지고 있는지 분석하여 어느 유형의 창업이 잘 맞을지 가늠해보도록 하자.

창업가의
—
유형과 기질
—

　우리는 2장에서 직업에 따라 특정 기질이나 성향이 요구된다는 것을 알게 되었다. 그렇다면 창업가에게는 어떤 기질이 어울릴까? 물론 사업이나 조직에 따라 CEO 성향도 다양하게 요구될 수 있기 때문에 창업가로 적합한 기질에 대해 획일화된 생각을 갖는 것은 주의해야 한다. 사실 성격이나 기질은 절대적으로 장점이 되거나 단점이 되기보다는 가변적인 경우가 많다. 나 자신은 변한 것이 없어도 주어진 상황에 따라 나의 성격이 장점이 되거나 단점이 될 수 있다. 지금부터 창업가에 유리할 수 있는 기질과 성격에 대해서 이야기해보자.

　먼저 창업가의 성향으로 외향성을 이야기하는 사람이 많다. 왜 그럴까? 외향적인 사람들은 새로운 사람들과 관계 맺는 것을 선호하고, 실행력이 빠른 편이고, 타인에게 영향력을 미치는 것을 즐기는 경우가 많다.

설립된 지 몇 년 안 되는 소기업의 대표들이 경영의 애로사항으로 자주 언급하는 요소 가운데 하나가 영업/마케팅이다. 팔고자 하는 제품이나 서비스가 잘 준비되었어도 일단은 누군가 구매를 해줘야 매출이 일어나고 수익도 발생한다. 그렇기 때문에 창업 초기에는 내 사업체에서 만드는 상품과 서비스를 널리 알리고 많은 사람들이 구매하도록 설득하는 일이 무척 중요하다. 뛰어난 상품을 개발하고도 영업/마케팅에 실패하여 폐업하는 사례를 찾는 것은 어렵지 않다. 아무래도 영업이나 마케팅 전담 인력이 부족한 사업 초기에는 내향적인 창업가보다는 외향적인 창업가일수록 인맥을 활용하거나 새로운 비즈니스 파트너들을 만나는 것에 대한 두려움이 적을 것이기 때문에 영업/마케팅 측면에서 유리할 수 있다.

자영업의 경우도 마찬가지다. 장사가 잘 안되는 식당을 가만히 지켜보자. 손님이 오지 않는데도 사장이 가만히 앉아 기다리기만 하거나 심지어 오랜만에 손님이 왔는데 반가워하는 기색은 없고 짧은 인사 한마디 날린 후 자리에 물 한 잔 놓고 먼 발치에서 하염없이 주문만 기다린다. 물론 유명 CEO 가운데도 조용하고 앞에 나서기를 즐겨하지 않는 이들이 있다. 이미 충분히 궤도에 오른 기업의 경우 CEO가 내향적이라고 해도 사업을 이끄는 데 큰 문제가 되지는 않는다. 하지만 무명의 회사를 알리고 외부의 도움이 절실한 창업 초기에는 CEO

의 외향적 성향이 좀 더 영향을 주기 쉽다는 것이다.

다음은 정보를 수집하거나 외부 환경을 인식할 때 오감을 활용해서 세세한 부분을 먼저 보는 유형이 있고 그와 반대로 직관적으로 전체를 먼저 보는 유형이 있다. 한마디로 숲을 먼저 보는 유형과 나무를 먼저 보는 유형이라고 비유할 수 있다. 그렇다면 창업가에게는 어떤 기질이 더 유리할까? 물론 가장 좋은 것은 숲을 봐야 할 때 숲을 볼 수 있고, 나무에 집중해야 할 때 나무를 보는 것이지만 그런 사람은 많지 않다. 만약에 기업형 창업가라면 산업과 사업의 성장 그리고 시장성을 꿰뚫어 보는 것이 중요하기 때문에 부분보다 전체를 잘 보는 것이 더 중요하다. 특히 기업형 창업의 경우 자본이 받쳐주는 만큼 직무전문성을 가진 직원들을 고용할 수 있기 때문에 나무를 보는 역할은 상대적으로 직원들에게 위임하기 쉽다. 하지만 외식업이나 소매유통업이 주류를 이루는 자영업의 경우 매장관리, 서비스응대, 재무관리 등 창업자가 실무까지 해야 하는 경우가 많기 때문에 세세하게 나무를 더 잘 보는 성향이 유리하다고 볼 수 있다.

다음은 이성적인 판단형과 정서적인 판단형이다. 우리가 흔히 냉정하다고 말하는 성격이 논리적이고 정답을 추구하는 이성적 판단형이라고 볼 수 있다. 반대로 정서적 판단형은 맞고 틀리고를 우선시하기보다는 관계나 분위기를 감안한 판단을 선호한다. 기업형 창업가는 전문성이 요구되는 사업을 하는 경우가 많고 다양한 고객사, 협력사, 내부직원들과 의사결정을 해야 하기 때문에 정서적 판단보다는 이성적 판단을 해야 할 일이 더 많다. 물론 내부직원을 비롯한 사람을 대하는 태도 측면에서는 따뜻하고 감성적인 면도 필요하지만 둘 중에 하나를 택해야 한다면 이성적 사고가 더 중요하다. 자영업형 창업가도 사업에 대한 전략을 세우고 의사결정을 할 때는 이성적 사고가 필요하다. 하지만 기업형 창업보다 사업 모델 자체가 단순한 경우가 많은 반면 외식업이나 소매유통업의 경우 사장님의 고객 마인드와 서비스가 중요하기 때문에 정서적 판단형이 더 유리할 수 있다.

이와 같이 주고객, 사업내용, 사업형태 등에 따라 똑같은 창업가라 할지라도 우선 요구되는 기질이나 성향이 있다는 것을 기억하자.

대한민국
—
창업 실태
—

대한민국은 전체 직업 종사자 가운데 자영업자 비율이 선진국의 2~3배에 달할 정도로 많다. 따라서 자영업자들의 위기를 단순히 경기나 정책 탓으로만 돌릴 수 없다. 창업가로서 자질뿐 아니라 창업환경을 냉정하게 분석할 필요가 있다. 제2의 직업으로 창업을 모색하기 위해서 이번에는 대한민국의 창업 현황과 실태를 살펴보자.

창업진흥원에서 2009~2015년 사이에 창업한 기업을 대상으로 조사한 〈2017년 창업기업실태조사〉를 살펴보자.[5-3] 먼저 창업 기업의 89.2퍼센트는 개인사업자고 나머지 10.8퍼센트가 법인사업자였다. 주로 자영업을 하는 사람들이 개인사업자니 자영업형 창업과 기업형 창업의 비율이 대략 9:1 정도라고 볼 수 있다. 창업자 성별은 남성 61.5퍼센트, 여성 38.5퍼센트로 대략 전체 직업 종사자의 성비와 비슷하다. 아직 남성 창업자 비율이 높은 편이나 창업이라고 해서 특별히 성별에 따른 고정관념을 가질 필요가 없다. 참고로 2016년 통계청 자료에 따르면 우리나라 전체 사업자 가운데 여성 대표자 비중이 가장 높은 업종은 '숙박 및 음식점업'이다. 창업자 학력의 경우 대졸과 고졸학력이 가장 많았는데 각각 38.3퍼센트, 36.2퍼센트였다. 기타 학력은 각각 10퍼센트 이하였다. 종합해보면 전문대졸 이하 학력 창업자 비율이 56퍼센트나 된다. 기업형 창업보다는 자영업형 창업이 학력의 영향을 덜 받겠지만 어쨌든 창업에는 학력 자체가 큰 영향 요소가 되지 않는다고 볼 수 있다.

다음으로 창업자의 연령 특성을 살펴보자. 창업자 가운데 40대 연령이 33.8퍼센트였고, 50대가 32.3퍼센트, 60대 이상 17.5퍼센트, 30대 15퍼센트, 20대 이하 1.3퍼센트였다. 종합하면 40~50대에 창업을

[그림 5-1] 창업자의 연령

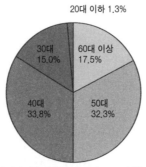

출처 : 중소벤처기업부&창업진흥원 〈2017년 창업기업 실태조사〉

하는 비율이 66.1퍼센트로 제2, 제3의 직업으로 전환하는 시점에서 창업을 하는 경우가 많았다.

창업자의 연령과 관련하여 흥미로운 연구결과가 있다. 미국의 경우 젊은 나이에 창업을 하여 글로벌기업으로 성장시킨 사례를 종종 볼 수 있다. 20대 초반의 나이에 하버드대학교를 중퇴하고 마이크로소프트를 창업한 빌 게이츠는 물론 애플 신화를 이뤘던 스티브 잡스, 페이스북 창업자 마크 주커버그 등도 20대에 창업하여 세계적인 IT기업으로 성장시켰다. 이러다 보니 미국에서는 가장 객관적이고 합리적인 판단을 할 것 같은 투자회사조차도 창업자의 나이가 젊을수록 창업의 성공률이 높아질 것이라는 생각이 일반화되었다고 한다.

그런데 미국 MIT대학교의 피에르 아줄레이 교수 외 3인이 연구한 결과에 따르면 급성장한 신생 벤처기업(start-up) 가운데 상위 0.1퍼센트에 드는 기업의 창업자 평균 연령이 45세였다.[5-4] 상위 1퍼센트로 범위를 넓히면 43.7세이고, 상위 5퍼센트로 넓히면 42.1세다(이들이 연구한 대상 기업은 주로 성장지향 기업, 즉 이 책에서 기업형 창업이라고 부르는 유형의 창업이다). 특히 첨단 기술 분야 창업자의 평균 나이는 미국 전체 창업자의 평균 나이보다 다소 높은 것으로 나타났다.

이들은 이러한 연구결과가 인적자본, 금융자본, 사회자본 등과 같은 주요한 기업 자원이 연령에 따라 축적된다는 이론과 일치한다는 것을 의미한다고 주장한다. 우리는 이를 통해 다양한 업무경험과 인맥 등의 요소가 창업의 성공에 있어서 적지 않은 영향을 미친다는 것을 확인할 수 있다. 국가별 산업 구조와 문화적 차이가 있겠으나 한국의 경우도 중년의 나이가 기업형 창업을 하기에 전혀 늦은 나이가 아니라는 인식을 확산시킬 필요가 있다.

〈창업기업실태조사〉 보고서를 추가로 살펴보면 창업 직전 창업자의 근무지는 국내 중소기업이 73.1퍼센트, 기타 9.1퍼센트, 국내 대기업 7.2% 등의 순서였다.[5-5] 단순하게 생각하면 연봉이나 퇴직금을 많이 받는 대기업 출신의 창업이 많을 것 같지만, 전체 고용에서 중소기업의 고용비중이 80~90퍼센트라는 것을 감안하면 당연한 결과라고볼 수 있다.

이와 달리 창업 형태를 벤처기업으로 국한할 경우 창업주의 이전 근무지가 중소기업이 58.7퍼센트, 대기업 출신이 20퍼센트로 조사되었다. 이를 통해 대기업 출신 창업자들은 자영업형 창업보다 기업형 창업에 더 많이 뛰어드는 경향이 있다는 것을 알 수 있다. 이는 대기업 출신 창업자가 자본이나 사업 아이템, 기술력 등에 있어 중소기업이나 기타 직업 출신 창업자보다 유리하다는 점을 시사한다.

다음은 창업자의 과거 경력 분야다. 창업 직전에 창업자가 근무한 직종은 관리자 직종이 25.1퍼센트, 일반 사무직이 24.1퍼센트, 기능생산직 19.8퍼센트, 영업판매직이 15.6퍼센트, 연구기술직 9.9퍼센트, 단순 노무직 5.4퍼센트 순서였다. 관리자 직종이란 기업 고위임원, 경영지원 관리자 등 경영활동을 위한 주요 의사결정자 역할을 하는 직업을 뜻한다. 관리자 직종 종사자는 종사자 숫자가 매우 낮은 편인데도 불구하고 창업자 중 가장 높은 비율을 차지했다는 사실을 눈여겨 보자. 관리자 경력이 있는 창업자의 경우 회사의 소속으로 이미 창업가와 유사한 역할을 경험해봤기 때문에 상대적으로 창업을 결심하기에 유리한 부분이 많았을 것으로 보인다.

치킨집 혹은
—
편의점
—

    자영업의 대표 분야 가운데 하나가 외식업이다. 통계청 자료에 따르면 2007년부터 2016년 사이 외식업체(음식점 및 주점) 수는 58만여 개에서 67만 개 수준으로 늘어났다.[5-6] 외식업계 전체 매출의 경우 2007년 약 60조 원에서 2016년 약 119조 원 수준으로 증가했다. 지난 10년간 외식업계의 매출은 약 100퍼센트 증가하였고, 사업체당 매출액은 1억 원에서 1억 7,000만 원으로 71퍼센트 정도 증가하였다. 아직까지는 인구가 증가하는 부분도 있고, 맞벌이 부부와 1인 가구 증가로 인해 외식을 하는 비율이 높아진 영향이 큰 것으로 보인다. 단순히 수치상으로 보면 외식업 분야에서 창업을 하는 것은 나쁘지 않은 선택으로 보인다. 그러나 기업의 수익성을 판단하는 기본 수치인 영업이익을 살펴보면 반전이 일어난다.

지난 10여 년간 외식업 전체 매출은 급등 추세였지만 수익성을 나타내는 영업이익을 보면 오히려 수년간 하락을 거듭하다가 최근 들어 2006년 수준을 회복한 정도다. 구체적으로 1개 사업체당 영업이익 추이를 보자. 2006년 2,500만 원에서 2013년 1,500만 원 정도까지 떨어졌다가 2016년 2,100만 원 수준까지 회복했을 뿐이다.

[그림 5-2] 외식업계 추이

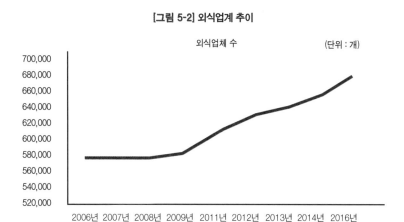

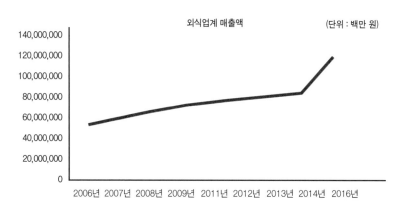

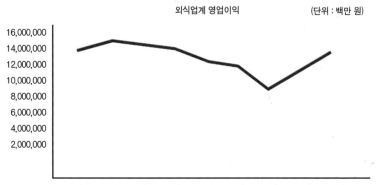

외식업계 영업이익 　(단위 : 백만 원)

2006년 2007년 2008년 2009년 2011년 2012년 2013년 2014년 2016년

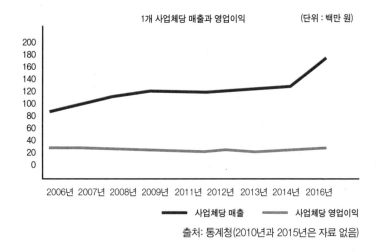

1개 사업체당 매출과 영업이익 　(단위 : 백만 원)

2006년 2007년 2008년 2009년 2011년 2012년 2013년 2014년 2016년

━━ 사업체당 매출　　━━ 사업체당 영업이익

출처: 통계청(2010년과 2015년은 자료 없음)

그렇다면 왜 이런 현상이 벌어졌을까? 주요 원인으로 과도한 경쟁을 꼽을 수 있다. 앞서 우리나라 외식업체의 수가 약 67만 개 정도라

고 했다. 한국농촌경제연구원의 〈외식산업경영실태현황〉 보고서에 있는 유로모니터 자료에 따르면 일본은 74만 개, 미국은 68만 개 정도라고 하니 얼추 비슷한 수준이다.[5-7] 그런데 일본이나 미국은 한국보다 인구가 훨씬 많다. 인구 1만 명당 외식업체 수를 비교해보면 한국은 125개로 일본보다 약 2배, 미국보다 약 6배나 많다. 국토면적 대비 외식업체 수를 추정해보면 그 차이는 더욱 커지는데 한국이 일본의 3배, 미국의 92배, 프랑스의 20배 정도 된다. 한마디로 대한민국의 외식업계는 전 세계에서 가장 치열한 전쟁터인 셈이다. 그러니 우리나라에서 외식업을 시작한다는 것은 가장 위험한 전쟁터에 자원하는 것이나 마찬가지다.

한식, 치킨과 더불어 가장 가맹점이 많은 영역인 편의점은 어떨까? 2013년부터 2016년까지 4년간 가맹점 숫자가 2만 5,000여 개에서 3만 4,000여 개로 급속하게 늘어났다. 반면에 동일 기간 동안 영업이익률은 5.3퍼센트에서 1.0퍼센트까지 낮아졌다. 아마 고객들의 '편의'는 늘어났겠지만 가맹주들은 '실의'가 늘어났을 것이다.

1990년대 이전까지만 하더라도 외식하면 중식이나 분식 그리고 통닭 정도였다. 그런데 2000년대에 들어와서 프랜차이즈 사업이 인기를 끌면서 외식업계에서도 다양한 메뉴가 개발되었다. 그 결과 쌀국수 전문점, 떡볶이 전문점, 인도음식 전문점, 각종 주스 전문점 등 한 달이 멀다 하고 처음 보는 음식점들이 생기곤 했다. 그 가운데서도 치킨 전문점은 오래된 프랜차이즈 브랜드가 많기로 유명하다. 대표적으로 BBQ치킨이나 교촌치킨이 있는데 이들 브랜드는 1990년대에 만들어졌으니 무려 30년 가까이 유지되고 있는 장수 브랜드다.

BBQ나 교촌치킨이 아직도 소비자들에게 익숙하다는 이야기는 여전히 많은 자영업자들이 치킨집을 운영한다는 의미인데 그렇다면 왜 대한민국의 중년들은 여전히 치킨집을 차릴까? 정말 치킨집을 차리면 노후를 걱정하지 않아도 될 정도의 사업성이 있어서일까? 아니면 그만그만한 퇴직금으로 나만의 사업장을 차리기에 적당한 사업이 치킨집이라서일까?

중소기업청(2015) 자료에 따르면 소상공인의 소규모 창업 1년 안에 폐업하는 비율이 약 40퍼센트 정도 된다. 그리고 2년 후 폐업율이 약 50퍼센트, 5년 후 폐업율은 약 70퍼센트라고 한다. 70퍼센트의 확률이라는 것은 엄청난 것이다. 만약 흡연을 하면 5년 내에 치사율이 70퍼센트라고 하자. 한 명이라도 담배를 피울 사람이 있을까?

중소기업연구원 남윤형 연구위원은 이러한 소상공인의 낮은 생존율에 대해 과밀 및 치열한 경쟁을 주요 원인으로 지적하였으며, 다산다사의 구조 안에서 폐업 후 유사업종으로 재창업하는 '회전문 창업'의 양상을 보인다고 표현하였다.[5-8]

사실 먼 곳에서 사례를 찾을 필요도 없다. 집이나 회사 주변의 식당에 가보면 손님 접대를 하는 태도조차 미숙한 경우를 어렵지 않게 볼 수 있다. 필자가 이 책을 쓰는 동안에 직접 경험한 사례도 있다. 몇 달째 원고를 쓰느라 계속 야근을 하다 보니 점심뿐 아니라 저녁까지 사무실 근처에서 먹는 경우가 많아졌다. 어느 날 평소 가보지 않던 식당에 들렀는데, 저녁을 먹기에는 다소 이른 시간이라 손님이 거의 없었다. 주문한 오므라이스가 나왔는데 맛은 그리 나쁘지 않았다. 허기진 배를 채우느라 다른 생각을 할 경황이 없이 열심히 밥을 먹고 있는데 중간에 식당의 여자 사장님으로 보이는 분이 가게에 들어오더니 서빙을 하는 남자 사장님을 보고 지나가듯이 이야기한다. "저기 물을 안 드렸네…." 그제야 테이블을 둘러보니 자리에 컵만 보이고 물병이 없다는 것을 알았다. 밥을 거의 다 먹어가던 차라 '잠시 후면 물병을 가져다주겠군…' 이렇게 생각하며 특별히 물을 달라는 이야기를 하지 않았다. 그런데 놀랍게도 밥을 다 먹었는데도 물을 줄 생각을 하지 않는다. 좀 특이한 상황이라는 생각이 들어 살짝 곁눈질을 해보니, 사장님 부부 모두 식당 위에 붙어있는 TV만 쳐다보고 있다. 차라리 "물을 안 드렸네"라는 소리를 듣지 않았으면 그리 이상하게 볼 상황도 아니었다는 생각이 든다. 하지만 식당을 직접 운영하는 사장님 부부 두 분이 딱 한 명의 손님을 응대하는 상황에서 발생한 일이라는 것을 생각하면 역시나 고객 서비스는 쉽게 볼 일이 아니라는 점을 깨달을 수 있다.

다시 한 번 강조하지만 창업도 직업을 선택하는 것이다. 단순히 자금이 있거나 대출이 가능하다고 무한 긍정주의로 창업을 선택하는 실수를 하지 않아야 한다. 창업가라는 직업이 나에게 최적 또는 최선의 직업인지 확인하라.

┤ 사례탐구 ├

자영업형 창업자의 마인드

가맹주로 프렌차이즈 카페를 수년간 경영해본 이미연(가명) 씨의 경험담이다. 이미연 씨는 몇 년 동안 카페를 경영하면서 여러 아르바이트생을 고용한 적이 있다. 이미연 씨는 철저한 경영 마인드를 가지고 있었기 때문에 매일 카페에 나와 손님을 접대하면서 아르바이트생과 함께 일을 했다. 정규직 직원도 아닌 아르바이트생들이었지만 그들을 결코 갑을관계로 대하지 않았다. 때로는 회사의 선배사원처럼, 때로는 친동생처럼 아르바이트생을 대했기 때문에 사업을 접고 나서도 일부 아르바이트생들과 연락을 하고 만나며 지냈다고 한다. 이미연 씨는 자신이 고용했던 아르바이트생들로부터 다른 곳에서 일을 했던 경험담을 들을 수 있었는데 생각 외로 불성실하게 사업체를 운영하는 사업주가 있다는 것을 알고 깜짝 놀랐다고 한다. 아르바이트생 한두 명 고용해놓고 거의 사업장에 나오지도 않는 사장이 있는가 하면 카페에서 사용하는 냉난방기나 조리기구가 고장 났는데 아르바이트생에게 고쳐보라고 등을 떠미는 사장도 있고, 또 매출이 계속 줄어들자 그 원인을 아르바이트생 때문이라며 눈치를 주는 사장도 있다고 한다. 자기 사업을 한다고 해서 어느 날 갑자기 창업가의 자질이 생겨나는 것이 아니라는 것을 깨닫게 해주는 이야기라고 할 수 있다.

사회적 기업과
—
협동조합
—

남다른 경험과 좋은 사업 아이디어가 있어도 창업을 하기에 충분한 동기부여가 되지 않는 사람이 있다. 돈보다는 상생을 생각하는 사람이 영리만 추구하는 창업에는 큰 매력을 느끼지 못할 수도 있는 것이다. 그럴 때 생각해볼 수 있는 옵션이 사회적 기업과 협동조합이다.

사회적 기업이란 사회의 필요를 우선적으로 추구하면서 재화 및 서비스를 생산하고 판매하는 활동을 하는 기업을 뜻한다. 특성상 영리 기업과 비영리 기업의 중간 형태라고 볼 수 있다. 사회적 기업은 주주나 소유자를 위해 이윤을 추구하는 것이 아니다. 따라서 이익이 발생할 경우 사업이나 사회를 위한 재투자를 해야 한다. 사회에서 필요로 하는 것을 제공하고 더불어 취약계층에게 일자리를 제공하는 등 사회적 사명감으로 영리를 추구해야 한다.

사회적 기업은 일자리 제공형, 사회서비스 제공형, 지역사회 공헌형, 혼합형, 창의/혁신형 등으로 나뉜다. 현재 전국적으로 2,000여 개의 사회적 기업이 운영 중이며 서울에만 400여 개의 사회적 기업이 있다.

사회적 기업을 설립하기 위해서 먼저 자신이 추구하는 기업설립의 목적과 사업내용을 고려하여 어떤 식으로 사회적 기여가 될지 판단해야 한다. 또 민법상 법인이나 조합, 상법상 회사 또는 비영리민간단체 등의 조직형태를 갖추고 있어야 한다. 유급근로자 고용, 사회적 목적 실현, 사회를 위한 재투자 등 기본적인 요건이 되면 사회적 기업을 설립하기 위해서 사회적 기업 육성법에 따라 인증을 받아야 한다. 사회적 기업은 정부에서 운영하는 각종 지원제도의 혜택을 받을 수 있다. 최근에는 대기업도 사회적 가치 창출에 기여하기 위해 사회적 기업 지원활동에 적극 참여하고 있다.

협동조합이란 재화 또는 용역의 구매, 생산, 판매 등을 협동으로 영위함으로써 조합원의 권익을 향상하고 지역사회에 공헌하는 사업조직을 뜻한다.[5-9] 협동조합은 소비자 입장에서 특정 상품이나 서비스를 안정적이고 저렴하게 구매할 수 있고, 생산자 입장에서는 직거래 및 사전계약 생산 등이 가능하여 안정적인 수익을 보장받을 수 있게 해준다. 협동조합은 조합설립을 위한 절차가 필요하며 협동조합 설립 후 사회적 기업 인증을 받으면 협동조합 형태의 사회적 기업이 된다.

캐나다 퀘벡은 사회적 경제 모델로 유명한 도시다. 그곳에서 가장 성공한 사례가 바로 '태양의 서커스'(CIRQUE DU SOLEIL)로 잘 알려진 사회적 기업 '라 토후'(La Tohu)다. 1984년 10명의 단원으로 시작한 태양의 서커스 공연은 전 세계 450여 개 도시에서 2억 명에 가까운 관객을 끌어 모았는데 경영학 분야의 베스트셀러인 《블루오션》에서 언급될 정도로 커다란 성공을 이뤄냈다. 국내에서도 최근 반려동물, 북카페, 창작자 네트워크, 태양광발전, 로컬푸드 등 다양한 분야에서 사회적 협동조합이 설립/운영되고 있다. 현재까지 인증된 사회적 기업은 약 2,200여 개인데 이 가운데 약 70퍼센트가 일자리 제공형 기업이다. 사업 분야는 문화예술, 청소, 교육관련 사업이 많은 편이며 사회복지, 환경, 관광운동, 산림보전 등 다양한 영역에서 사회적 기업이 활동을 하고 있다.

사회적 기업

네이버 창립 멤버인 김정호 대표와 임원 출신 이진희 대표가 운영하는 베어베터(Bear.Better.)는 직원의 80퍼센트 이상을 발달장애인으로 채용하고 있는 사회적 기업이다. 장애인 가운데서도 가장 고용률이 낮은 발달장애인을 위한 일터를 제공하니 베어베터는 취약계층 일자리 제공이란 사회적 가치를 위해 남다른 기여를 하고 있는 셈이다.

단순히 장애인을 고용한다고 해서 사회적 가치가 실현되는 것은 아니다. 그들이 제대로 된 일을 할 수 있도록 근무환경을 조성해주는 것도 사회적 기업의 의무라고 할 수 있다. 이를 위해서 기본적인 업무 프로세스는 발달장애인의 특성을 고려해서 설계하였다. 또 복지시설이 아닌 사회적 기업으로 정체성을 잃지 않기 위해서 부득이한 경우 따끔한 경고장(?)을 전달하여 직원들이 최소한의 근무태도를 지킬 수 있도록 교육시킨다고 한다. 베어베터는 인쇄업으로 시작하여 제과, 화훼, 커피 등으로 사업 영역을 확장하고 있으며, 일반 기업과 건주어도 경쟁력이 있는 상품을 만들기 위해 전 직원이 최선을 다하고 있다.

Chapter 6

1인 직업의 시대가
왔다

우리는 5장에서 창업과 창업가에 대한 이야기를 했다. 창업가는 스스로를 고용할 수 있는 대표적인 직업 가운데 하나다. 하지만 자본과 사업모델이라는 전제조건이 필요하기 때문에 흥미나 적성, 경험이 있다고 무작정 뛰어들 수 있는 영역이 아니다. 따라서 보다 능동적인 관점에서 제2의 직업으로 선택할 수 있는 대안이 필요하다. 이를 위해 가장 좋은 대안 가운데 하나가 1인 직업이다. 1인 직업이란 타인이 설립한 회사에 고용되지 않고 개인으로 일을 하는 직업들을 뜻한다. 물론 1인 직업이라고 해서 항상 혼자 일을 하는 것은 아니다. 소속과 고용관계에 있어 독립적일 뿐 분야에 따라서 여러 사람과 협업을 하는 경우도 많다. 대표적인 1인 직업으로는 프리랜서와 창직이 있다.

이번 6장에서는 제2의 직업을 고민하는 분들이 반드시 알아야 할 프리랜서와 창직의 세계에 대해서 이야기를 풀어나갈 것이다.

1인 직업의 대명사,
프리랜서

프리랜서(Freelancer)란 사용자와의 종속적인 관계없이 독립적으로 일하는 형태의 노동을 포괄적으로 칭하는 용어다.

통상적으로 프리랜서직이란 개인이나 특정 기관과의 근로계약이 아닌 일종의 도급계약 또는 위임계약을 통해 일정한 업무를 완수하거나, 일정 기간 용역을 제공하고 그에 따르는 금전적 보상을 받는 형태의 노동이라고 정의할 수 있다. 쉽게 말해 일종의 용병인 셈이다. 프리랜서가 많이 활동하는 직업 영역으로 강사, 컨설턴트, 컴퓨터 프로그래머, 디자이너, 작가, 예술가, 방송인, 콘텐츠 제작 스탭, 기타 기술직 등이 있다. 안타깝게도 우리나라에서는 일부 프리랜서 직업이 비정규직 문제의 사례로 인용되기도 한다. 반면에 미국에서는 자발적으로 프리랜서 형태의 직업 종사자가 늘어나면서 '긱(gig)[6-1] 이코노미'라는 신조어가 생겨났고, 다가올 미래는 프리랜서들의 세상이 될 것으로 전망하는 전문가들이 늘어나고 있다.

한국노동연구원에서 발간한 〈프리랜서 고용관계연구〉 보고서에 따르면 국내에서 프리랜서 형태로 일하는 사람은 40~50만 명 정도로 추정된다.[6-2] 이는 전체 취업자의 약 2.6퍼센트 정도를 차지하는 비율로 직업별 종사자 순위와 비교해도 10위권 직업군에 해당하는 적지 않은 규모라고 할 수 있다. 이 보고서에는 프리랜서 종사자의 정체성에 대해 의미심장한 기술이 나온다. 자기주도적으로 전문성이 높은 프리랜서직을 선택한 사람은 프리랜서직을 하나의 당당한 직업으로 여기는 경향이 있고, 주로 타율적인 이유로 프리랜서직을 선택한 사람은 자신의 직업을 비정규 임시 계약직으로 인식하는 경향이 많다는 것이다. 프리랜서인지 여부가 직업 만족도를 결정한다기보다는 프리랜서로 얼마나 자율적이고 전문적으로 일을 하느냐가 중요하다는 것을 알 수 있다.

프리랜서 용역을 주는 고객은 개인과 회사로 나눌 수 있다. 먼저 개인고객의 경우 비용절감을 위한 목적이 가장 크다. 보통 전문 기업에 용역을 맡기는 것보다 프리랜서에게 맡기는 비용이 저렴하다.

회사에서 프리랜서를 활용할 때는 대략 세 가지 이유가 있다. 첫째는 회사에 해당 업무를 수행할 전문인력이 부족한 경우다. 한마디로 용병으로 투입되는 경우다. 둘째는 부가가치가 높지 않고 단순 반복적인 일이어서 내부 직원을 투입하기에는 아깝다는 생각이 들 경우다. 셋째는 업무의 난이도와 관계없이 한시적 프로젝트가 있거나 일시적으로 인력이 부족하여 정규직으로 채용하기엔 부담이 되는 경우다.

결국, 해당 분야에서 평균 이상의 기술이나 능력을 갖고 있지 않은 프리랜서는 직업적으로 만족하기 어려울 것이다. 따라서 제2의 직업으로 프리랜서직을 선택하려는 사람들은 우선 자신이 해당 영역에 전문적인 지식, 기술, 경험을 충분히 가지고 있는지 확인할 필요가 있다. 또한 프리랜서는 직업 특성상 스스로 영업을 해야 하는 경우가 많고 고용계약에서 자유롭기 때문에 의뢰인과의 신뢰를 쌓는 것이 매우 중요하다. 따라서 실력도 실력이지만 좋은 매너와 태도를 갖추고 있어야 한다. 더불어 프리랜서직의 경우도 자신에게 부합하는 최적의 직업을 프리랜서로 할 수 있다면 가장 이상적일 것이다.

일을 찾는 프리랜서 vs
—
일이 찾아오는 프리랜서
—

창업과 마찬가지로 프리랜서로 일을 한다고 하면 주변에서 부러워하는 사람들이 많다. 프리랜서는 특정 회사에 고용되어 있지 않기 때문에 자기가 일하고 싶을 때 일을 하고 쉬고 싶을 때 쉴 수 있을 것이라는 기대가 커서 그렇다. 하지만 멋지게 프리랜서 선언을 했는데 일감을 맡겨주는 사람이 없다면 수입마저 프리(Free)해질 수 있다. 전문성과 역량을 갖추고 있어도 나를 알아주는 사람이 있어야 하니 적극적으로 영업을 해야 한다. 프리랜서 초기라면 더욱 그렇다. 결국 나에게 일을 맡기려는 고객이 충분할 때 프리랜서직의 진정한 가치를 만끽할 수 있을 것이다.

프리랜서를 하면서 일감을 찾는 방법을 살펴보자. 사업이나 직업에 관계없이 빠르고 확실한 영업 전략은 인맥을 활용하는 것이다. 그래서 프리랜서를 하더라도 내가 과거에 종사했던 업종과 직무와 관련된 분야에서 프리랜서를 하는 것이 유리하다. 예를 들어, IT 분야 같은 경우 프리랜서 선언을 해도 상대적으로 일감을 찾기 쉬운데 이는 이미 자신이 일을 했던 회사에서도 외부 프로젝트를 할 때 프리랜서를 자주 활용하기 때문이다.

프리랜서를 많이 쓰는 업종은 주로 프로젝트 단위로 업무를 수행하는 영역이 많다. 대표적인 것이 IT 업종이다. 그 가운데서도 SI 사업이라는 분야가 있다. SI(System Integration) 사업이란 고객사의 정보 시스템을 통합하거나 업그레이드하는 일련의 프로젝트를 대행해주는 일이다. SI 사업 특성상 프로젝트를 시작하게 되면 내부 인력을 투입하는 것으로 부족할 때가 많다. 그럴 때 유연하게 투입할 수 있는 프리랜서 개발자를 활용하는 것이다. 또 자체 솔루션을 개발할 때도 내부인력 풀에 없는 특정 영역의 스페셜리스트가 필요한 경우 고급 수준의 프리랜서 개발자 집단을 활용하기도 한다.

방송 분야에서 아나운서들의 경우에도 경력이 충분히 쌓이면 프리랜서 선언을 하는 것을 쉽게 볼 수 있다. 분명 그 방송사의 공채 출신이었는데 똑같은 프로그램을 프리랜서로 진행하는 경우도 볼 수 있다. 일단 익숙한 곳에서 고용형태만 바꾼 후 외부에서 프리랜서로 활동하고 있다는 것을 적극적으로 알리면서 점점 다양한 방송사로 활동 영역을 넓혀가는 것이다.

프리랜서 선언 후 인맥을 잘 활용하기 위해서는 회사에서 프로젝트 매니저(PM), 프로젝트 리더(PL)급에 해당되는 인력과 좋은 관계를 유지한 상태로 퇴사하는 것도 중요하다. 회사에 따라 인사팀이나 구매팀에서 프리랜서 채용과 관련된 업무를 하는 경우도 있으니 해당 부서에 근무하는 직원들과도 인맥을 잘 만들어 놓는 것이 좋다.

우리는 흔히 인맥을 활용해야 한다는 이야기를 하면 내가 직접 아는 사람들을 떠올린다. 하지만 실제로 인적 네트워크를 효과적으로 활용하기 위해서는 나에게서 가깝지 않은 사람들을 연결할 수 있어야 한다.

'작은 세상 효과'(Small world effect)라는 이론이 있다. 한마디로 세상이 작다는 뜻인데, 그리 많은 단계를 거치지 않아도 세상 사람 모두가 연결될 수 있다는 뜻이다. 하버드대학교 교수였던 스탠리 밀그램이 이를 규명하기 위해 흥미로운 우편물실험을 했다. 미국 중부에 사는 사람들이 동부에 살고 있는 전혀 모르는 사람과 몇 단계를 거쳐서 연결되는지 확인한 실험이었다. 그 결과 대략 5.5~6단계를 거치면 모르는 사람과도 연결될 수 있다는 결론을 내리게 되었다. 이 실험은 그 과정에 있어 부정확성의 문제로 비판을 받기도 했는데, 오랜 시간이 지난 후 소셜네트워크 시대가 도래하면서 미국의 마이크로소프트 사에서 자사의 소셜네트워크 서비스 사용자를 대상으로 관계를 분석한 결과 유사한 수치를 얻은 적이 있었다.

중요한 것은 생각보다 많지 않은 단계를 거치면 나에게 필요한 인맥과 연결될 가능성이 높아진다는 것이다. 요즈음에는 블로그, 온라인 카페, 페이스북과 같은 다양한 소셜네트워크를 활용해서도 인적 네트워크를 늘릴 수 있기 때문에 작은 세상 효과를 잘 활용한다면 더욱 강력한 인맥을 만들 수 있다.

스탠포드대학교 교수인 마크 그라노베터는 일자리의 이동을 촉진하는 데 '약한 연계의 힘'(Strength of Weak Ties)이 중요하다고 주장한다. 그는 연구를 통해 자신이 밀접하게 관계를 맺고 있는 사람보다 오히려 약한 연계를 가지고 있는 사람일수록 구직에 도움이 될 수 있다는 결과를 얻었다. 그 이유는 나와 밀접한 관계를 맺고 있는 사람들은 나와 비슷한 성향이거나 비슷한 배경을 가지고 있을 가능성이 높기 때문에 오히려 내가 모르는 다양한 정보에 접근하는 데 제약이 될 수 있다는 것이다. 반면에 나와 약한 연계를 맺고 있는 사람들은 내가 전혀 생각지도 못했던 영역에 대한 정보를 제공해줄 확률이 높다는 것이다.

이와 같이 인맥을 활용할 때에도 좀 더 다양한 방식의 전략을 활용할 필요가 있다. 내가 과거 일했던 분야에서 프리랜서를 하는 경우 가까운 지인을 활용하는 전략을 사용하고, 경력과 관련이 없는 새로운 분야에서 프리랜서를 하게 되는 경우 약한 연계의 힘을 활용하는 전략을 사용하자.

일감을 찾는 또 다른 전략은 구인구직 플랫폼을 활용하는 것이다. 인맥이 부족하다고 실망할 필요 없다. 갈수록 온라인 플랫폼의 점유율이 높아지고 있기 때문에 손품을 열심히 팔아도 많은 정보를 얻을 수 있다. 일반적인 구직구인 정보를 얻는 경로는 취업 포털사이트다. 하지만 이런 취업 포털사이트는 정규직 채용정보가 주를 이루기 때문에 전문성 있는 프리랜서에 대한 구인정보는 많지 않다.

취업 포털사이트에서 고용조건을 프리랜서로 설정하고 검색을 해보면 가장 많이 나오는 직종이 학원 강사다. IT 개발직 관련 프리랜서는 다소 있는 편이나 그 밖에 전문성 있는 프리랜서직 구인 공고를 찾는 데는 효과적이지 않았다. IT 프로그래머, 디자이너, 컨설턴트 등 보다 전문성이 있는 프리랜서 구인정보는 각 영역별 전문 커뮤니티나 프리랜서직 구인구직 정보를 주력으로 제공하는 사이트를 이용하는 것이 훨씬 효과적이다.

예를 들어 IT 개발자들 사이에서 유명한 커뮤니티인 데브피아, 프리랜서 마켓을 지향하는 크몽, 디자인 콘테스트 플랫폼 라우드소싱 (www.loud.kr) 등에서는 프리랜서직 구인정보가 활발하게 교류되고 있다. 크몽은 프리랜서들이 많이 활동하는 영역인 IT나 디자인 분야 외에도 콘텐츠 제작, 마케팅, 번역, 비즈니스컨설팅, 레슨 등 다양한 영역별로 1인 직업 종사자와 고객을 연결시켜준다(심지어 프리랜서를 고려하는 사람들을 위한 컨설팅과 레슨도 있다).

라우드소싱은 디자인 콘테스트라는 독특한 형태의 서비스를 제공한다. 로고나 제품, 패키지 등 다양한 디자인을 필요로 하는 고객이 직접 사이트에 디자인 공모를 올린다. 그러면 해당 공모에 관심 있는 프리랜서 디자이너들이 시안을 만들어 공모전에 참여한다. 접수가 마감되어 공모전을 주최한 고객이 최종 디자인을 선정하면 해당 디자인을 공모한 디자이너에게 미리 정해놓은 상금이 지급되는 방식이다. 공모전에서 수상을 많이 한 디자이너들의 경우 우승 상금 누적액만 수천만 원 이상이다.

확실히 온라인 플랫폼은 인맥을 통한 영업이 불가능한 초보 프리랜서에게 매우 매력적인 서비스로 보일 수 있다. 하지만 프리랜서 시장도 수요/공급의 원칙이 적용된다. 고객 입장에서는 실력 있는 프리랜서를 원하지만 한 번도 일을 시켜보지 않은 경우 누구에게 일을 맡길지 확신하기 힘들다. 따라서 포트폴리오를 통한 확인이나 이용후기가 많은 프리랜서를 선호하게 될 가능성이 높다. 마치 온라인 쇼핑에서 후기가 많은 판매자를 신뢰하기 쉬운 것과 같은 현상이다. 결국 프리랜서 온라인 플랫폼도 선점효과가 영향을 미칠 가능성이 있다.

프리랜서직 종사자와의 대화

유정오(가명) 씨는 중견 IT 기업에서 근무하다 5년 전부터 프리랜서로 전향하였다. 그는 데이터베이스(DB) 관련 전문가로 다양한 고객사의 프로젝트에 참여하여 정보시스템의 데이터를 생성하고 활용하는 일을 도와주고 있다.

Q 프리랜서 시작 전 경력은 어떻게 되십니까?

15년 정도 데이터베이스 기술지원, 프리세일즈, DBA(데이터베이스 관리자) 업무를 했습니다.

Q 프리랜서로 일을 해보니 적당한 시기에 시작했다는 생각이 들었습니까?

사실 2~3년 정도 빨리 시작했으면 더 좋았을 것 같습니다.

Q 40대 초반에 프리랜서를 시작하신 셈인데요. 프리랜서직으로 전환을 결심하게 된 계기가 궁금합니다. 마지막 회사를 그만둘 때 가족의 반대는 없었습니까?

프리랜서직으로 전환하게 된 결정적인 이유는 귀촌입니다. 귀촌생활을 하려면 좀 더 자유로운 시간이 보장되어야 했기 때문인데요. 그래서 그런지 프리랜서직으로 바꾸는 것에 대해서는 가족들도 좋아했습니다. 회사에 다닐 때는 여름휴가를 제외하면 3, 4일 이상 휴가를 내기도 힘들었는데요. 프리랜서직으로 전환하면서 가족들과 더 많은 시간을 보낼 수 있고, 제 개인의 삶도 여유로워진 것 같습니다. 그 대신 소득이 불규칙해진 부분은 있습니다.

Q 아, 프리랜서직으로 전향 후 귀촌까지 하셨군요. 어떻게 가능한 일인가요?

제가 일하는 분야의 특성 덕분인 것 같습니다. 요즘 IT 분야는 프리랜서로 일감을 구하기가 어렵지 않습니다. 중견 경력자들이 예전보다는 대우를 받는 분위기입니다. 지방에 살다보니 서울 지역에서 프로젝트를 할 때는 출퇴근이 힘든 부분이 있습니다. 그럴 때는 서울 외곽에 있는 개인 숙소를 구해 출퇴근을 하고 주말이나 프로젝트가 없는 기간에는 집에 내려가서 생활을 하는 식입니다.

Q IT 분야는 일감 찾는 게 어렵지 않다고 하셨는데 보통 일감을 어떻게 구하십니까?

IT 프로젝트에 필요한 인력을 공급해주는 전문 업체들이 있습니다. 그런 업체에 등록을 해놓으면 신규 프로젝트가 있을 때 적정인력이라고 판단될 경우 연락을 줍니다. 또 예전에 같이 프로젝트를 했던 지인들이 소개해 줄 때도 있습니다.

Q IT 분야에서는 어떤 분들이 프리랜서를 하면 잘 맞을까요?

새로운 환경에 빨리 적응할 수 있어야 합니다. 프리랜서도 전문 영역이 따로 있지만 항상 똑같은 일만 시키지 않습니다. 문제해결을 위해 새로운 방식으로 접근하거나 새로운 기술을 적용해야 할 때가 많습니다. 프리랜서는 용병과 같은 존재입니다. 고객이나 프로젝트 매니저가 이것저것 다 도와주기를 바라기보다는 자기 능력으로 소정의 성과를 내줘야 합니다. 그러니 능동적이고 자기주도적인 성향이 필요합니다.

Q IT 분야에서 프리랜서직을 할 계획이라면 경력을 몇 년 정도 쌓고 프리랜서로 전환하는 게 좋을까요? 또 프리랜서가 되기 위해 무엇을 준비해야 합니까?

회사에서 10년 정도 개발이나 기술지원 등의 업무를 하면서 기초를 닦고 프리랜서로 전환하면 좋습니다. 특히 IT 분야에서는 프로젝트를 수행하는 데 있어 표준화된 절차나 관행이 있기 때문에 그런 부분을 회사에서 미리 경험하고 숙지해놓는 것이 좋습니다. 또 프리랜서는 회사원보다 다방면으로 능력을 발휘해야 하니 회사에서 시킨 일만 하기보다는 회사에 있는 인프라를 최대한 활용해서 자기계발을 하기 바랍니다.

ⓠ 프리랜서직의 장단점이 있다면?

하나의 프로젝트가 끝나면 다음 프로젝트에 투입될 때까지 확실하게 쉴 수 있다는 것이 장점입니다. 요즘 중요시하는 일과 삶의 균형에 좀 더 유리하다고 볼 수 있겠죠. 또 정규직 직원들에 비해 책임부담이 덜한 부분도 있습니다. 단점이라면 역시 수입의 불규칙성이라고 할까요? 본의 아니게 일이 없어서 몇 개월 쉬게 될 때는 마냥 편하게 쉴 수 있는 건 아니죠. 그래서 평소에 수입지출 관리를 잘하는 것도 중요한 것 같습니다.

ⓠ IT 분야에서는 프리랜서로 몇 세까지 일을 할 수 있을까요? 회사소속으로 일하는 것보다 수명연장이 가능합니까?

글쎄요. 개인에 따라 차이가 있겠지만 제가 일하는 영역은 요즘 분위기로는 60세까지는 프리랜서로 활동할 수 있을 것 같습니다. 실제 프로젝트에서 50대 프리랜서 분들도 본 적이 여러 번 있습니다. 그리고 특이한 경우이기는 하나 공공기관 프로젝트에 참여했다가 계약직 공무원에 지원하여 채용된 경우도 있습니다. 프리랜서이든 아니든 IT 기술 분야는 적성이 맞고 자기계발만 잘한다면 비(非)IT 분야의 회사원보다는 조금 더 오래 일을 할 수 있다고 생각합니다.

Q 제2의 직업으로 프리랜서직을 시작하려는 분들께 추가적인 조언을 해주신다면?

앞서 프리랜서는 용병과 같은 역할을 한다고 말씀드렸습니다. 프리랜서직에 도전하기 전에 적극적인 자세로 다양한 경험을 하고 직무 역량을 키우시기 바랍니다. IT 분야에서는 프리랜서라고 하더라도 혼자서 일하는 경우가 거의 없습니다. 하나의 프로젝트를 위해 다양한 인력이 힘을 합해야 하므로 협업을 잘할 수 있는 기본 소양이 있어야 합니다. 업계가 좁기 때문에 한번 좋지 않은 평판이 생기면 일감을 찾는 데 고생할 수 있습니다.

열심히 일한 당신,
—
창직하라!
—

창직이란 용어를 들어본 적 있는가? 창직이란 스스로 직업이나 직종을 창조해내는 것을 뜻하는 새로운 개념의 단어다. 한국고용정보원에서 발간한 〈우리들의 직업 만들기〉에 따르면 창직이라는 용어는 2009년 매경이코노미의 기사 〈1인 창직 시대, 두드리면 열린다〉에서 처음 소개되었다.[6-3] 해당 기사에서는 창직을 "개인이 직접 이전에 없던 직종을 만들어내면서 1인 기업가가 돼야 한다는 의미"로 설명하고 있다.[6-4]

IT 기술이 사회 전반에 큰 영향을 미치게 되면서 변화의 폭과 속도가 증가하고 직업의 소멸과 생성 주기도 빨라지고 있다. 이에 따라 이미 정형화되어 있는 직업군에서 탈피하여 창의적으로 새로운 형태의 일감(직업)을 만들어내는 사례가 늘어나게 된 것이다. 창직은 스스로 일자리를 창출하는 행위이기 때문에 국가 입장에서도 고용창출을 위한 대안이 될 수 있다는 점에서 더욱 매력적이다.

그럼에도 불구하고 아직까지 창직의 개념을 명쾌하게 설명하는 것은 힘들다. 필자가 창직 종사자를 대상으로 한 연구를 진행하면서 어떠한 경우가 창직인지 구분할 수 있는 기준을 제시한 적이 있는데 다음과 같다.

첫째, 창직에 해당하는 직업은 기존에 존재하는 특정 직업으로 대체될 수 없어야 한다. 직업 명칭은 새롭더라도 이미 많이 알려진 직업과 동일한 일을 수행한다면 창직으로 볼 수 없다. 예를 들어 보험설계사를 재무컨설턴트(FC)라고 부른다고 새로운 직업으로 보기 어렵다. 따라서 창직은 완전히 새로운 개념의 직업이거나 다양한 직업이 융합된 형태의 일을 수행하는 직업이어야 한다.

둘째, 창직은 일반적인 창업과 구분할 수 있어야 한다. 창업은 사업을 새로 시작하는 일을 뜻한다. 일반적으로 창업은 직원을 최소 1~2인 이상 고용하거나 가족기업 형태로 시작된다. 설령 1인으로 시작하였더라도 사업이 잘되면 자연스럽게 직원을 고용하게 되는 것이 일반적인 창업의 특성이다. 창업을 하는 사람의 직업이 '창업가' 내지 '기업가'라면 창직자의 직업은 스스로 창조해낸 직업의 특성 자체에 초점을 맞추게 된다. 물론 창직자도 사업자등록을 하여 1인 기업 형태로 활동을 하기도 하나 기업의 속성보다는 개인의 역량이 중심이 되는 프리랜서직 속성이 강하다고 볼 수 있다. 따라서 창직의 형태는 1인 기업 또는 프리랜서 모두 가능하다. 다만 오랜 기간이 지나면 창직도 일반 직업화 단계로 진입하게 된다. 예를 들어 과거에 웃음치료사라는 직업 종사자가 처음 생겼을 때는 창직의 특성을 많이 갖고 있었을 것이다. 하지만 웃음치료사가 많아지면서 어느 시점이 되면 웃음치료사가 되는 것은 더 이상 새로운 직업이 아니기 때문에 창직으로 간주하기 어려운 단계가 된다.

[그림 6-1] 창직의 이해

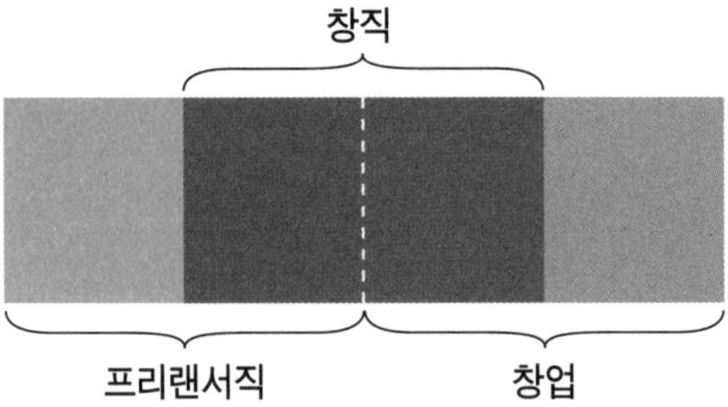

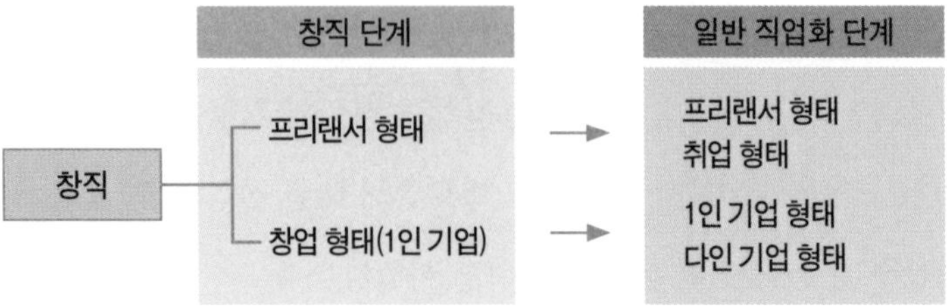

최근 창직의 예를 든다면 '크리에이터', '정리수납 컨설턴트', '반려동물 장의사', '반려동물 컨설턴트', '디지털 장의사', '빈집 코디네이터' 등이 있다. 사실 창직인지 창업인지 프리랜서직인지 그 여부를 구분하는 것이 중요한 것은 아니다. 창직이라는 개념을 통해 직업과 취업에 대한 고정관념을 깨는 것이 중요하다. 현재 존재하는 직업에만 눈을 돌리지 않고 새로운 직업을 창조하여 스스로 고용하는 형태로 시작한다는 것이 핵심이다. 더욱이 4차 산업혁명이 본격적으로 시작되면 1인 형태로 할 수 있는 일이 더욱 늘어날 것이기 때문에 다양한 영역에서 새로운 직업이 출현할 가능성도 높아지고 있다.

1인 직업의
마케팅 노하우

　프리랜서직이든 창직이든 인맥이나 온라인을 활용해서 고객을 찾는 것이 기본적인 방법이다. 하지만 내공과 경험이 쌓일수록 고객이 나를 찾아오도록 만드는 전략도 필요하다. 이를 위해 다양한 매체를 활용하는 법에 대해서 알아둘 필요가 있다.

　먼저 온라인 상에 블로그나 카페를 운영하는 전략이다. 이 방법은 원할 때 바로 시작할 수 있고 별도의 비용 부담이 없다는 장점이 있다. 하지만 지속적으로 관련 콘텐츠를 업로드하는 일은 생각만큼 쉽지 않다. 더구나 블로그가 검색결과의 앞 페이지에 노출되도록 하려면 상당한 운영의 묘가 요구된다. 또 온라인 카페의 경우 이미 대부분의 주제와 관련된 카페들이 개설된 경우가 많아 초기에 회원을 늘리는 일이 생각보다 어렵다. 최근에는 팟캐스트에 이어 유튜브를 통한 개인 방송이 주목을 받게 되어 블로그나 온라인 카페를 통한 홍보 효과는 반감되었다고 볼 수 있다. 어쨌든 유튜브, 블로그, 온라인 카페 등 다양한 포맷 가운데 자신에게 가장 잘 어울리고 부담이 덜한 포맷을 선정하여 꾸준히 콘텐츠를 올려보자. 경험자들에 따르면 1~2년 이상 꾸준히 콘텐츠를 올리면 어느 날부터 방문객들이 늘어난다고 한다.

특정 영역의 전문성을 인정받기 위해 가장 효과적인 방법은 학력과 경력을 갖추는 것이다. 만약에 누군가 다양한 사람의 심리를 잘 아는 사람을 찾아오라고 한다면 사람들은 제일 먼저 심리학 전문가를 찾을 것이다. 아마도 그 사람이 심리학과 교수나 심리학 박사라면 더 신뢰할 것이다. 대한민국 반도체 산업의 A부터 Z까지 설명해줄 수 있는 전문가를 찾아오라고 하면 많은 사람들은 유명 대기업의 반도체 계열사에서 오랫동안 근무한 연구원을 찾지 않을까?

한 영역의 전문성을 인정받는 방법 가운데 하나는 책을 쓰는 것이다. 직업이 국어 선생님이라고 해서 모두 시를 잘 쓸 것이라고 기대하지는 않는다. 그런데 시집을 출간한 음악선생님이 있다면? 분명 경력이 특이하다고 생각하면서도 일반 국어 선생님보다는 시를 잘 아는 사람이라 생각할 가능성이 높다. 그래서 학교나 기업 그리고 방송사에서도 전문가를 섭외할 때 그 영역의 책을 쓴 사람을 선호하는 경우가 많다.

그렇다면 책을 출간하려면 어떻게 해야 할까? 요즘은 1인 출판도 가능한 시대이기 때문에 책을 출간하는 것 자체가 어려운 일은 아니다. 하지만 책은 두고두고 저자를 평가하고 판단하는 재료가 될 수 있다. 따라서 책을 어떤 경로로 출간하고 얼마나 팔리는지를 떠나서 제대로 된 책을 쓰려고 노력하는 것이 중요하다. 그러기 위해서 글 쓰는 기법, 지식, 경험, 통찰력, 사회 트렌드 등 많은 요소에 대해 고민하고 탐구하는 자세로 책을 쓰자.

또한 출판사라고 해서 항상 인지도 높은 저자들만 기다리는 것은 아니다. 어떤 면에서 새로운 영역과 새로운 작가를 발굴하는 것에도 가치를 두는 출판사들도 있으니 저자와 궁합이 잘 맞는 출판사를 찾는 노력을 많이 할 필요가 있다. 어느 정도 인지도가 있는 출판사는 홈페이지나 메일을 통해 투고를 받기 때문에 출판사를 접촉하는 것은 어렵지 않다. 한 가지 첨언하자면, 출판사에서는 책의 내용도 중요하게 평가하지만 저자의 스펙이나 인지도 그리고 저자가 자신의 책을 어떻게 홍보할 수 있는지도 중요하게 본다.

이제 1인 미디어의 시대다. 굳이 방송국에서 나를 섭외해주지 않더라도 유튜브 같은 1인 방송을 제작하여 대중들과 소통을 할 수 있다. 다만 팟캐스트나 유튜브를 제작하기 위해서는 기획/제작/편집에 훨씬 더 많은 시간이 소모된다. 처음에 재미 삼아 몇 편 정도 제작하기는 쉬워도 지속적으로 콘텐츠를 제작하기 위해서는 전업으로 방송을 제작하거나 전문 스태프의 도움을 받아야 한다. 또한 1인 방송의 경우도 블로그, 온라인 카페와 마찬가지로 선점효과가 작용하기 때문에 진입이 늦을수록 주목받는 데 불리할 수밖에 없다.

1인 직업 종사자들이 외부에 자신을 알리는 것은 매우 중요하다. 다만 우리가 간과해서 안 되는 점은 전문가들이 책을 쓰거나 방송 출연을 많이 하는 것이지 책을 쓰거나 방송에 출연한다고 해서 전문가가 되는 것이 아니라는 점이다. 자칫 프로의식은 결여된 채 전문가 흉내 내기에 급급해서는 안 된다. 1인 직업이라 하더라도 자신만의 철학과 직업의식이 있어야 지속가능한 직업이 될 수 있다는 것을 기억하자.

창업, 창직, 프리랜서직
—
나는 어떤 유형인가?
—

어떤 이유에서든 취업하는 것이 어렵다면 최선의 방법은 스스로를 고용하는 것이다.

스스로를 고용하는 방법은 기본적으로 3가지 방안이 있다. 창업, 창직, 프리랜서직이다. 우리는 이미 창업, 창직, 프리랜서직의 특성에 대해서 알아봤다. 그렇다면 세 가지 유형의 직업 가운데 어떤 직업을 선택하는 것이 좋을까? 일단 제일 먼저 사업 또는 직업으로 주로 다룰 영역이나 아이템을 결정해야 한다. 무슨 일을 할 것인지를 알아야 그 일이 나의 특성에 잘 맞을지 판단할 수 있기 때문이다. 그다음 [표 6-1](209쪽)과 같이 직업 유형에 따라 중요한 요소를 내가 얼마나 가지고 있는지 확인하자.

일단 창업을 하기 위해서 자본은 필수조건이다. 물론 개인 자산이 부족해도 대출이나 투자를 받을 수 있다면 창업을 선택할 수 있다. 만약 창업을 하기에 충분한 자산이 있더라도 위험감수를 지극히 꺼려하는 성향이라면 창직이나 프리랜서직을 선택할 수도 있다. 그동안경력을 쌓았던 일과 관련하여 숙련된 전문가로 일하고 싶다면 프리랜서를 선택하는 것이 좋다. 반면에 약간의 위험을 감수하고 조금 더창의적으로 블루오션에 뛰어들고 싶다면 창직을 선택할 수 있다.

예를 들어 중견 IT 회사에서 15년 동안 개발업무를 수행해온 A 씨가 제2의 직업을 고민하는 상황을 가정해보자. A 씨는 아직 이직이가능하지만 더 이상 월급쟁이 생활을 하지 않고 자신의 역량을 발휘하여 자기주도적인 직업에 도전하고자 한다. 결국 그는 제2의 직업으로 '인공지능(AI)' 영역과 관련된 일을 하기로 결정했다.

결론 1) 창업으로 결정하게 된 경우

평소에 범죄예방 및 보안시스템에 관심이 많았던 그는 집집마다늘어나고 있는 인공지능 스피커에 주목했다. 거의 컴퓨터와 마찬가지 기능을 수행하는 인공지능 스피커에 동작감지센서를 결합한 가정용 인공지능 보안솔루션을 아이템으로 창업하려고 한다. 각 가정의베란다와 창문에 동작감지센서를 설치하여 외부에서 침입하려는 시도가 감지되면 인공지능 스피커를 통해서 사람들이 대화를 하는 소리를 내거나 사이렌 소리를 내는 등 다양한 형태로 적절하게 대응해주는 앱이다.

A 씨는 마침 한 회사만 다녔기 때문에 퇴직금을 창업 초기에 필요한 자금으로 활용할 수 있을 것 같다. 게다가 국가에서도 4차 산업혁명 관련된 기술을 활용한 창업을 적극 장려하는 상황이라 사업계획서만 잘 쓴다면 창업자금지원을 받을 수 있는 기회도 있다. 또 A 씨는 그동안 회사에서 프로젝트 매니저를 할 때마다 리더십이 뛰어나다는 평가를 받은 적이 많았기 때문에 창업가로서의 뚜렷한 장점을 가지고 있다는 생각을 하고 있다. 인공지능 스피커는 이동통신회사, 인터넷 포털 회사 등 다양한 기업에서 앞다퉈서 개발하고 있는 상황이다. 마침 대학교 선배가 유명 이동통신사 마케팅 부서에서 근무를 하고 있어 시장조사와 파트너사를 찾는 데 큰 도움이 될 것 같다.

결론 2) 창직으로 결정하게 된 경우

A 씨는 IT 개발자이지만 평소에 다양한 분야에 흥미가 많아 기술분야 외에도 철학, 경제학, 심리학, 스포츠, 문학 등 여러 분야를 접하고 지식을 쌓는 것을 즐겨한다. 또한 젊을 때부터 창의력과 논리추론능력이 출중하여 새로운 상황을 가정하여 스스로 질문을 하고 그에 대한 답을 생각해내는 것을 잘한다. 그는 몇 년 전 이세돌과 인공지능 알파고의 대결을 본 후 받은 충격이 아직도 생생하다. IT 개발자임에도 불구하고 아직까지 인공지능의 발전 속도를 제대로 인지하지 못

했던 것이 내심 부끄럽기도 했다. 그 후로 A 씨는 인공지능에 대해 깊은 관심을 갖게 되었다. 이미 온라인 과정으로 인공지능에 대한 과목을 3개나 수강했고, 유명 대학교에서 개설한 1년짜리 인공지능 전문가 과정을 수료할 예정이다.

A 씨는 남은 인생을 위한 제2의 직업을 모색하던 중 창직에 도전해보기로 했다. 얼마 전에 날로 발전하는 인공지능 영역에서 새로 필요로 하게 될 직업이 떠올랐기 때문이다. 바로 인공지능 트레이너다. 인공지능은 기계학습에 의해 스스로 학습하고 진화하기 때문에 사람들이 생각하고 행동하고 표현하는 방식에 영향을 받게 된다. 실제로 몇 해 전 해외 유명기업의 인공지능 채팅 프로그램이 특정 집단에 의해 인종차별성 발언을 학습했다는 기사가 화제가 된 적이 있다. 인공지능 트레이너는 인공지능이 기계학습을 하는 과정에서 발생할 수 있는 문제를 발견하거나 예측해주는 일이다. 인공지능 기술에 대한 이해를 바탕으로 인문학과 과학적 사고를 융합하여 인공지능이 악용될 수 있는 취약점을 발견해주고 인공지능이 보다 인간에 가까운 고차원적인 사고를 할 수 있도록 질문을 던져주는 일이 그가 창조한 직업이다. 새로운 직업이기 때문에 일단 인공지능에 대한 공부를 병행하며 관련된 블로그 및 강의활동을 통해 '최초의 인공지능 트레이너' 창직자임을 홍보할 생각이다.

결론 3) 프리랜서로 결정하게 된 경우

IT 전문가인 A 씨는 요즘 격세지감을 느낀다. 1990년대 말에 닷컴 [6-5] 열풍이 불 때 대학교에 진학하여 큰 고민 없이 컴퓨터 전공을 선택했다. 하지만 IT 산업도 항상 장밋빛은 아니었다. 그래도 전공이 좋아서인지 IMF 이후 졸업한 세대임에도 불구하고 중견 IT 회사에 어렵지 않게 입사했지만 소프트웨어 개발자로서의 삶이 그렇게 만족스럽지는 않았다. 주로 기업이나 공공기관을 대상으로 치열한 경쟁을 하는지라 첨단을 달린다는 IT 분야이지만 하는 일에 비하면 평균 연봉도 그리 높지 않다.

그런데 최근 스마트폰과 4차 산업혁명 열풍이 불면서 다시 IT 중흥기가 돌아온 것 같다. 스마트폰 기반의 앱서비스가 나날이 늘어나는 데다가 자동차, 유통, 서비스 등 다양한 영역에서 자동화 기술이 도입되면서 개발자 구인난이 심화된 것이다. 업계에서 인지도가 있는 회사들은 내부 인력이 이직하는 것을 막고 우수한 외부 인력을 채용하기 위해 계속 연봉을 올린다는 소식이 들린다.

A 씨도 15년차 개발자로서 마음만 먹으면 좋은 조건으로 이직이 가능한 상황이다. 하지만 A 씨는 단순히 고액연봉을 추구하기보다는 좀 더 장기적인 안목으로 향후 커리어를 설계하기로 마음먹었다. 무엇보다 A 씨는 요즘 유행하는 일과 삶의 균형을 이루고 싶었다. 지난 십여 년간 항상 프로젝트의 연속이었던지라 집에 일찍 들어가 본 날

을 손에 꼽을 정도였다. 얼마 전에 재취업에 성공한 아내가 일에 매진하도록 돕고 싶기도 하고 사랑하는 아이들이 더 크기 전에 조금이라도 더 많은 시간을 함께 하고 싶다.

다행히 A 씨가 일하는 영역은 이미 프리랜서들이 많이 활동하는 영역이다. A 씨는 퇴사 전에 최근 유명 대학교에 개설된 인공지능 대학원의 석사과정에 도전할 생각이다. 현재 경력만으로도 프리랜서를 시작할 수 있지만 좀 더 오랫동안 프리랜서 활동을 하기 위해서는 끊임없이 자기계발을 해야 한다. 또 프리랜서직을 잘하기 위해서는 인맥

[표 6-1] 창업, 창직, 프리랜서직에 따른 특성

요소	창업	창직	프리랜서직
사업 아이템 / 비즈니스모델	★★★	★★★	★★★
자본	★★★	★★	★
사업 전략	★★★	★★	★★
위험감수성	★★★	★★	★★
인적 네트워크	★★	★★★	★★★
관련 경력	★★	★★	★★★
관련 지식/기술	★★★	★★★	★★★
흥미/적성	★★★	★★★	★★★
리더십	★★★	★★★	★★
시장 수요	★★★	★★★	★★★

도 중요하기 때문에 대학원에 다니는 동안 학계와 산학연구기관의 다양한 인맥을 만들 것이다. 그리고 나중에 프리랜서직을 수행하면서 좋은 사업 아이템이 떠오르면 차후에 창업까지도 노려볼 생각이다.

Chapter 7

뜨는 산업을 보면
제2의 직업이 보인다

제2의 직업 미션을 성공하기 위해서 다양한 직업을 탐구하는 것도 중요하다. 직업을 탐구할 때는 연봉, 자격요건 등 세부적인 조건을 확인하는 것도 중요하지만 먼저 직업의 비전을 살펴보자. 숲과 나무가 있다면 숲을 먼저 보는 것이다.

과거나 현재에 사람들이 선호하는 직업이라 할지라도 미래에는 직업에 대한 수요가 어떻게 변할지 모른다. 반대로 지금은 별것 아닌 직업처럼 보여도 미래에는 각광받는 일이 될 수 있다. 불과 3~4년 전만 하더라도 유튜브 크리에이터가 직업이 될 수 있다고 생각한 사람이 몇이나 되겠는가? 지금 유명한 크리에이터들은 크리에이터라는 직업이 각광받기 전부터 차곡차곡 자신만의 콘텐츠를 올린 이들이다.

직업의 비전을 확인하는 가장 효과적인 방법은 그 직업이 속한 산업을 살펴보는 것이다. 7장에서는 앞으로 성장이 예상되는 주요 분야를 조명하며 자연스럽게 제2의 직업 후보를 탐색해볼 것이다.

플랫폼 시대와
—
1인 전문가
—

컨설턴트는 특정 영역에 대해 전문적인 의견이나 조언을 하는 일을 한다. 고객이 스스로 문제를 해결하지 못할 때 용병처럼 투입되어 고객의 문제를 파악하고 그에 따른 해결책을 제시해주는 역할을 하는 것이다.

반면 멘토는 오랜 경험과 지식을 가지고 도움이 필요한 사람에게 조언을 해주는 사람을 뜻한다. 누군가 도와준다는 의미에서 비슷하지만 컨설턴트가 과업(task) 중심의 개념이라면 멘토는 사람 중심의 개념이라고 볼 수 있다. 그런데 굳이 컨설턴트나 멘토라는 타이틀로 일을 하지 않았어도 누군가 한 분야에서 최소 10년 이상의 경험을 갖고 있다면 그 영역에서만큼은 전문성이 있기 때문에 컨설턴트나 멘토 역할을 할 수 있다.

그러나 이런 전문성을 갖고 있어도 프리랜서로 활동하기는 힘든 경우가 있다. 디자인, 방송, 통·번역, IT 등과 같이 전통적으로 프리랜서 시장이 형성되어 있는 분야를 제외하면 잠재적 수요와 공급이 있어도 플랫폼이 없기 때문에 이들을 연결해줄 수 없는 것이다. 대표적인 예가 사무직이다. 회사원 중에 디자인이나 기술직을 제외하면 아무리 좋은 경력을 가지고 있어도 프리랜서 활동을 하기 힘들다.

그런데 최근 온라인 플랫폼의 영향력이 급속도로 커지기 시작했다. 20세기에 가장 잘나가던 IT 기업들이 주로 하드웨어를 제조하던 업체였다면 요즘 잘나가는 기업들 중엔 구글, 페이스북, 아마존, 에어비앤비, 우버와 같이 플랫폼을 선점한 업체가 많다. 우리나라도 예외는 아니다. 인터넷 검색서비스로 시작한 네이버도 이제는 쇼핑, 동영상, 음원, 부동산 정보 등 그동안 다양한 플랫폼을 확장해왔다.

최근 주목받는 벤처 기업 가운데도 플랫폼 사업으로 성장한 기업이 많다. 직방, 우아한형제들(배달의민족), 야놀자가 대표적인 예다. 바야흐로 온라인 플랫폼을 선점한 회사가 비즈니스를 장악하는 시대가 온 것이다.

1인 직업을 꿈꾸는 사람들에게 온라인 플랫폼의 활성화는 매우 좋은 소식이라고 할 수 있다. 앞서 이야기했지만 1인 직업 종사자의 고충 중 하나가 일감을 찾는 것이기 때문이다. 그런데 최근에 오랜 경력을 가진 전문가와 기업고객을 연결해주는 플랫폼이 출현했다. 일례로 '탤런트뱅크'는 기업의 요구사항에 맞춰 사전 검증된 전문가를 매칭해주고 일정 기간 동안 프로젝트를 진행할 수 있도록 돕는 서비스를 제공한다. 단순히 전문가를 연결해주는 것이 아니라 일정관리와 결제까지 대행해주기 때문에 상호신뢰를 바탕으로 1인 전문가를 섭외할 수 있다. 현재 경영전략, 신사업, 인사노무, 마케팅, 영업 등 다양한 직무 영역에서 검증 완료된 시니어 전문가 1,000여 명이 활동 중이다. 플랫폼 오픈 1년 만에 400건의 프로젝트가 진행되었고 재의뢰율이 60퍼센트를 넘는다고 한다. 아직은 실험적인 성격이 강하지만 이런 전문가 매칭 플랫폼이 활성화되면 다양한 기업에서 오랜 경력을 쌓은 사람들이 프리랜서로 활동할 수 있는 기회가 많아질 것이다.

고령층이
—
V.I.P다
—

영화의 단골 소재 가운데 하나로 타임머신이 있다. 얼마 전 역대 외화 흥행기록을 갈아치운 〈어벤져스: 엔드게임〉에서도 타임머신이 큰 역할을 했다.

만약 타임머신이 있는데 딱 한 번만 사용할 수 있다면 여러분은 과거와 미래 가운데 어느 쪽을 선택하겠는가? 과거를 돌아보는 것도 좋지만 미래는 아직 변화의 가능성이 무궁무진하다. 다가올 미래를 알 수만 있다면 얼마나 많은 준비를 할 수 있을까?

미래에 대한 예측 가운데 가장 신뢰할 수 있는 영역이 인구변화라고 한다. 인구는 출생률, 사망률, 외부인구 유입률 등을 주요 변수로 변화한다. 그런 의미에서 대한민국 미래 주요 키워드 가운데 하나가 바로 '초고령 사회'다.

초고령 사회란 전체 인구의 20퍼센트 이상이 65세 이상 고령자인 사회를 말한다. 현재 추세라면 2025년을 전후해서 대한민국이 초고령 사회에 진입할 것으로 보인다. 문제는 고령자가 늘어날 뿐 아니라 전체 인구는 감소한다는 것이다. 이미 49세 이하 연령대는 대부분 감소 추세에 들어갔다. 2030~2035년경에는 전체 인구의 감소가 시작되고 65세 이상 고령층을 제외한 모든 연령층이 감소할 것으로 보인다.

[그림 7-1]은 2019년부터 향후 20년간의 연령대별 인구변화를 예측한 그래프다. 이 가운데서도 더욱 주목할만한 변화를 보이는 연령대는 20대, 60대, 70대다. 먼저 20대는 2019년 기준 전체 인구비율 4위에 해당하는 연령대다. 그런데 향후 급격한 감소를 시작해서 2039년 이후에는 간신히 인구비율 6~7위에 해당하는 연령대가 된다. 20대는 대부분이 대학생이다. 현재 다수의 대학교가 전방위적인 구조조정을 겪고 있는 원인이 바로 학령인구 감소다. 지금까지도 어려웠지만 앞으로 교수나 대학교 직원이 되는 것은 정말 어려워질 것이다.

다음으로 가장 주목해야 할 연령대가 60대와 70대다. 2019년 기준 인구비율 5위에 해당하는 60대는 2030년을 전후해서 인구비율 1위 연령대에 올라선다. 그리고 인구비율 8위에 해당하던 70대가 2039년쯤에는 인구비율 2위로 올라선다. 따라서 향후 10~20년 이내에 60~70대는 우리 사회의 주류 연령층이 될 것이며 국내 소비 시장과 사회 트렌드도 이들에게 맞춰질 가능성이 높다.

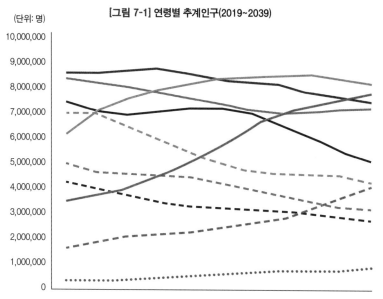

[그림 7-1] 연령별 추계인구(2019~2039)

(단위: 명)

2019년 2021년 2023년 2035년 2027년 2029년 2031년 2033년 2035년 2037년 2039년

90세 이상 ···· 80~89세 70~79세 ━━ 60~69세 ━━ 50~59세 ━━
40~49세 ━━ 30~39세 ━━ 20~29세 10~19세 0~9세

출처: 통계청(2019), 〈시나리오 : 출산율 현수준 추계(기대수명-중위,국제순이동-중위)〉

이러한 변화는 결국 고용과 직업의 세계에도 적지 않은 영향을 주게 될 것이다. 앞으로 창업이나 창직을 꿈꾸는 사람들은 장년층에서 고령층을 대상으로 한 아이템을 연구하는 것이 유리할 것이다. 또 비슷한 조건으로 이직을 하더라도 청소년이나 청년층을 타깃으로 하는 회사보다는 장년층과 고령층을 대상으로 사업하는 직장을 선택하는 것이 더욱 비전이 생길 가능성이 높다.

초고령 사회에 가장 성장할 것으로 보이는 산업은 무엇보다 의료,

제약, 바이오, 보건복지 분야라고 할 수 있다. 이에 발맞추어 제약과 바이오 관련 신사업을 추진하는 대기업들이 늘어나고 있고, 정부에서도 이미 바이오 산업을 신성장 동력 산업으로 선정한 바 있다.

제론테크놀로지(gerontechnology)란 노인학과 기술의 합성어로 고령자의 건강, 일상생활의 편리, 궁극적으로 그들의 삶의 질 향상을 목적으로 하는 기술을 뜻한다. 새롭게 부상하고 있는 인공지능, 로봇, 자율주행차와 같은 기술이 고령층을 위한 제품이나 서비스와 접목되면 제론테크놀로지 분야의 성장 가능성은 무궁무진하다.

고령층을 대상으로 창업이나 창직을 할 때 간과해서 안 되는 점이 있다. 과거, 현재의 고령층과 미래의 고령층은 다른 세대이기 때문에 그들의 특성이 같지 않을 수 있다. 일례로 건강하게 활동할 수 있는 고령자가 늘어나면서 자신을 고령자로 생각하는 연령이 늦춰지고 있다. 예전 같으면 60세만 넘어도 할아버지, 할머니 호칭 듣는 것을 당연하게 생각했지만 지금은 70, 80대나 돼야 할아버지, 할머니 소리를 들을 나이로 생각한다.

최근 장년층을 '신중년'이라고 부르기 시작했는데 이제 60대 중반에서 70대 중반까지는 신장년으로 불리기를 원할 수도 있다. 따라서 단순히 나이를 기준으로 상품이나 서비스를 기획하기보다는 먼저 그 세대의 문화와 특성을 이해할 필요가 있다.

이와 같이 초고령 사회로 진행되면서 예방의학 전문강사, 치매 전문관리사, 노인 전문 급식서비스 사업가, 노화방지 화장품 연구원, 치과용 임플란트 연구원, 생활서비스 로봇개발자, 고령친화주택 리모델링 전문가, 빈집 코디네이터 등 고령층에 특화된 영역을 다루는 직업 종사자도 늘어날 것으로 보인다.

초고령 사회
—
일본은 지금
—

일본은 이탈리아, 독일과 더불어 이미 초고령 사회가 진행 중인 대표적인 국가이다. 이미 2005년 전후로 초고령 사회가 시작되었고 65세 이상 고령자 비율이 30퍼센트에 다다른 상태다. 고령화와 더불어 1인 가구의 급속한 증가로 1인 가구 비율도 35퍼센트를 넘어섰다. 한국보다 20년이나 빠르게 초고령 사회가 진행되고 있으니 한국의 미래를 보고 싶다면 현재 일본의 모습을 살펴보는 것도 큰 도움이 될 것이다.

초고령 사회가 된다고 해서 무조건 부정적인 현상만 생기는 것은 아니다. 청년이 귀해진 일본의 고용상황은 한국과 많이 다르다. 아베노믹스 이후 경기가 지속적으로 회복되어 기업의 고용도 늘기 시작했다. 반면에 인구감소 및 고령층 증가로 젊은 구직자가 줄고 있어 구인난이 심화되고 있는 형세다. 그러다 보니 일본은 고졸 및 대졸자의 취업률이 90퍼센트를 훨씬 상회하고, 정부에서는 장년층의 은퇴 시기를 늦추고 건강한 고령층까지 경제활동에 참여시키고자 다양한 정책을 시행하고 있다. 그래도 부족한 일자리는 이민자로 채우기 위해 외국인 채용을 장려하는 직업도 늘어나고 있다. 예를 들어 과거에 외국인이 취업하기 어려웠던 조리사, 통역사, 소블리에 등의 서비스직 체류자격 조건도 완화하고 있다. 이와 같이 구직자보다 구인자가 많은 상황이 지속되니 제2의 직업을 찾는 사람들에게도 유리한 상황일 수밖에 없다.

일본에서 각광받는 사업이나 직업을 살펴보면 역시나 노인과 관련된 영역이 주를 이룬다. 고령자의 급속한 증가는 의료, 주거, 여행, 오락문화, 장례, 교통시스템 등 다양한 분야에 영향을 주고 있다. 주거를 예로 들면 거동이 불편한 노인들을 위해 집을 리모델링해주는 서비스가 성황 중이다. 또 독거노인들이 집에서 사망한 경우 시신이 오랜 기간 방치된 경우가 많아 집에 악취가 배는 문제가 발생한다. 이런 집을 전문으로 청소해주는 회사도 탄생했다. 고독사를 한 경우 따로 유품을 정리해줄 가족이 없는 경우가 많기 때문에 유품을 정리해주는 유품관리사라는 신종직업도 있다. 외곽지역 같은 경우 노인들이 사망 후 빈집이 방치되는 경우가 많아 빈집을 관리해주는 대행업도 성행한다고 한다.

은퇴한 노인들의 로망 가운데 하나가 해외여행이다. 물론 신체가 건강하고 돈이 있다면 얼마든지 여행이 가능하다. 하지만 돈이 있어도 몸이 불편한 노인은 동행해줄 사람이 없다면 해외여행을 꿈꾸기 어렵다. 이런 문제를 해결해주기 위해 탄생한 직업이 '트레블헬퍼'(travel helper)다. 트레블헬퍼는 단순한 여행가이드가 아니다. 간병이나 간호에 대한 지식과 경험까지 갖춘 사람이 몸이 불편한 노인과 동행하며 여행가이드 역할까지 수행한다. 트레블헬퍼 자격을 따기 위해서는 응시생이 직접 휠체어를 타고 여행을 해봐야 한다고 하니 얼마나 전문성을 추구하는지 짐작할 수 있다.

고령자의 증가는 환자의 증가로 이어지기 때문에 간병, 간호에 대한 수요가 급속히 늘어나고 있다. 그 결과 원격진료, 목욕도움 로봇, 치매예방용 소프트웨어와 같이 최첨단 기술을 활용한 서비스와 솔루션이 도입되고 있다. 또 인구감소 문제가 심각한 지방의 경우 대중교통이나 물류배송의 어려움이 커지고 있는데 이를 위해 시범적으로 자율주행차 시스템을 도입하는 곳도 있다고 한다.

창업이나 창직에 관심이 많다면 일본의 신종 사업이나 직업 트렌드를 꾸준히 벤치마킹해 보도록 하자. 일본어가 어느 정도 가능하다면 몇 년간 일본 현지에서 경력을 쌓고 한국으로 귀국하여 창업이나 창직을 하는 것도 고려해볼 수 있다.

이제는
—
펫코노미 시대
—

세상이 빨리 변하는 만큼 신조어가 출현하는 속도도 빨라지고 있다. 신조어는 최신 트렌드를 반영한다는 특성을 가지고 있기 때문에 관심을 갖다 보면 의외로 제2의 직업을 찾기 위한 실마리를 찾을 수도 있다. 그런 의미에서 제2의 직업을 고민하는 당신은 '펫코노미'라는 신조어를 반드시 알아야 한다.

펫코노미는 애완동물을 뜻하는 'Pet'과 경제를 뜻하는 'Economy'가 결합되어 만들어진 단어로 반려동물 관련 시장을 뜻한다. 소득이 늘고 가족 구성원이 줄어들면서 집에서 반려동물과 함께 사는 사람들이 급속하게 늘어나고 있다. 각종 기관의 자료를 취합하면 현재 우리나라 전체 가구 가운데 약 25~30퍼센트 정도가 1마리 이상의 반려동물을 기르고 있는 것으로 추정된다. 또한 한국농촌경제연구원 자료에 따르면 국내 반려동물 연관 산업 규모는 2017년 기준 약 2조 3,000억 원을 넘는 것으로 추정되며, 연평균 10퍼센트를 상회하는 수치로 성장할 것으로 보인다.[7-1] 2조 원 정도의 시장규모는 국내 라면 시장 규모와 맞먹는 수치로 향후 성장세를 감안할 때는 그야말로 블루오션이 될 가능성이 높다. 반려동물 관련 산업은 개인고객을 주대상으로 하는 영역으로 다양한 소규모 사업을 모색할 수 있는 기회가 많다. 따라서 창업, 창직, 프리랜서직을 희망하는 이들에게도 좋은 기회를 제공할 것이다.

[그림 7-2] 반려동물 연관 산업 규모 전망

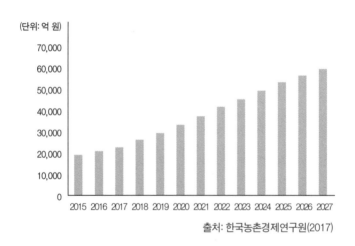

출처: 한국농촌경제연구원(2017)

반려동물 관련 영역에는 수의사, 수의테크니션, 반려동물 미용사, 반려견 테라피스트, 반려동물 관리사, 반려동물 장의사, 애완동물 탐정 등 다양한 직업이 있다. 반려동물 미용사나 반려동물 장의사는 아직 종사자가 많지 않지만 관련 직업 종사자가 늘어나고 있는 상태이다. 반면에 반려견 테라피스트나 애완동물 탐정의 경우 우리나라에서는 종사자를 찾는 것 자체가 어려운 상태라 창직에 가까운 직업이라고 할 수 있다. 반려동물 관리사의 경우 기존의 애완견 훈련사나 동물 조련사와 유사성이 있는 직업으로 일반 가정의 반려동물 관리, 훈련, 상담에 초점을 맞춘 일이다.

반려동물 장의사[7-2]는 반려동물의 장례에 필요한 일을 도와주는 직업이다. 대상이 사람에서 반려동물로 바뀌었을 뿐 일반 장의사가 하는 역할과 유사한 일을 수행한다. 민간자격 및 교육과정이 있으나 자격증이 필수요건은 아니다. 일의 특성상 깔끔하고 매너 있는 태도로 고객을 응대하고 장례에 필요한 과정을 체계적으로 진행하는 것이 중요하다. 또한 장의사 스스로도 동물을 사랑하고 반려동물을 잃은 주인의 마음을 잘 공감해주고 위로해줄 수 있는 성정이 있다면 더욱 좋을 것이다.

10여 년 전 동물보호법이 개정된 후 동물장묘업 등록이 가능해져서 반려동물 장례식장이 점차 늘어나고 있는 상황이다. 따라서 수요 공급 측면에서도 전망이 좋다고 볼 수 있다. 직업 특성상 나이에 민감하지 않기 때문에 중장년층도 충분히 취업이 가능한 영역이다.

반려동물이 많아지면서 유기동물 문제도 커지고 있지만 날이 갈수록 반려동물에 대한 애정이 각별해지고 있다. 반려동물 관련 산업이나 직업에 뛰어들고자 하는 사람은 반려동물을 '동물'이라고 생각하기보다 누군가에게는 사람이나 다름없이 소중한 '반려자'라는 생각으로 접근하는 것이 좋다.

콘텐츠가 경쟁력이다
—
크리에이터
—

현시대 인류는 호모 콘텐투스(Homo contentus: contentus는 콘텐츠의 라틴어)라고 할 수 있다.

우리는 아침에 눈을 뜨자마자 스마트폰을 켜면서 콘텐츠와 함께 하루를 시작한다. 지하철을 타고 출근하는 시간에도 콘텐츠에 빠져 있고, 회사에서도 일과 관련된 콘텐츠를 찾아보고 잠시 휴식을 취할 때도 콘텐츠를 본다. 저녁 회식 자리에서도 대화가 끊어지면 짬짬이 스마트폰으로 콘텐츠를 보고 있고, 드디어 집에 돌아와 잠자리에 들 때조차도 콘텐츠를 보며 눈을 감는다. 이와 같이 우리는 생활의 대부분을 콘텐츠와 함께 한다고 해도 과언이 아니다. 그렇다면 콘텐츠를 즐기는 것에 만족하지 말고 내 자신이 콘텐츠를 제공하는 사람이 되어 보자. 운까지 따라준다면 제2의 직업을 찾는 기회까지 얻을 수 있을 것이다.

　요즘 콘텐츠의 대세라고 하면 1인 미디어가 떠오른다. 1인 미디어란 무엇인가? 예전에는 대중매체라고 하면 TV, 신문, 잡지 등이 대표적이었다. 하지만 지금은 굳이 TV, 신문, 잡지를 보지 않아도 블로그, 페이스북, 유튜브 등을 통해서도 다양한 정보를 수집하고 즐길 수 있다. 더구나 스마트폰 시대가 되면서 초등학생부터 노인에 이르기까지 누구나 마음만 먹으면 다양한 콘텐츠를 제작하고 전송할 수 있게 되었다. 다소 과장이겠지만 시청자 5,000만 명에 5,000만 개의 미디어 기업이 대기 중인 시대인 셈이다.

　1인 미디어 관련 직업으로 (콘텐츠) 크리에이터가 있다. 갈수록 TV보다 유튜브 같은 인터넷 동영상 플랫폼을 선호하는 사람이 늘어나고 있다. 이런 현상은 나이가 어릴수록 뚜렷하며 연령대에 관계없이 증가하는 추세다. 아무래도 나이가 적을수록 기존 매체나 플랫폼에 대한 친숙함이 적은 반면 새로운 매체에 더 쉽게 적응할 수 있기 때문이다. 특히 아동기나 청소년기에는 콘텐츠의 세부적인 부분 혹은 완성도보다 전체 스토리와 순간적인 재미에 반응을 하기 때문에 아마추어가 만든 콘텐츠를 보더라도 자신이 좋아하는 주제라면 쉽게 빠져들 수 있다. 인기 크리에이터 '도티'나 '허팝'처럼 초등학생들이 좋아하는 콘텐츠로 명성을 얻기 시작한 유튜버가 많은 것도 이런 이유 때문이다(보통 유튜브에 콘텐츠를 올리는 사람을 통틀어 유튜버라 하고 그 가운데서 직접 제작한 영상을 올리는 사람을 유튜브 크리에이터라 칭한다).
이제는 구독자뿐 아니라 인기 크리에이터 가운데 초등학생이나 할머니도 있을 정도로 나이의 벽이 허물어지고 있다.

유튜브라는 플랫폼의 특성상 TV만큼 전문적이거나 완성도 높은 콘텐츠를 기대하는 구독자는 많지 않다. 1인 미디어의 가장 큰 특징은 자유도라고 볼 수 있다. 거액의 제작비를 들일 필요도 없고 까다로운 심의절차도 요구되지 않는다. 개인이나 소규모 제작자가 원하는 주제를 원하는 콘셉트로 빠른 시간 내에 만들어 배포할 수 있기 때문에 최신 트렌드에 맞는 콘텐츠를 만들 수 있다는 것이 큰 강점이다. 더구나 구독자들이 알아서 자신의 기호에 맞는 콘텐츠를 찾아가기 때문에 모든 사람을 만족시키려고 할 필요도 없다. 게임, 요리, 먹방, 뷰티, 몰래카메라, 패러디, 음악커버 영상 등 갈수록 콘텐츠가 다양해지고 있다. 최근 들어서는 연예인, 정치인, 각 분야의 전문가들까지 개인 유튜브 채널을 운영하며 구독자들을 늘리고 있으니 가히 춘추전국시대라 할 정도다.

유튜브라는 플랫폼이 세계적인 인기를 끌게 되자 이제 유튜브에서 뜨는 콘텐츠가 되면 수십만에서 수백만의 조회 수를 기록하는 일을 어렵지 않게 볼 수 있다. 그러다 보니 일부 인기 크리에이터들은 유튜브를 통해 배분 받는 광고수익만 수천 만 원에서 수억 원에 이른다고 한다. 현재 100만 이상의 구독자를 보유하고 있는 인기 크리에이터/

유튜버로는 1인 미디어의 선구자로 불리는 '대도서관', 마인크래프트 영상으로 유명해진 '도티', 초통령으로 불리는 '허팝', 구독자 수 300만 명을 기록한 초등학생 '어썸하은', 영국인으로 한국에서 뜬 '영국남자' 등이 있다. 그 밖에 아리키친, 핑크퐁, 라온, 씬님, 장삐주, 정성하, 원밀리언, 영원씨TV, 박막례 할머니 등 폭넓은 연령대의 크리에이터들이 다양한 콘텐츠로 인기를 끌고 있다.

유튜브 크리에이터가 광고수익을 받는 과정은 조금 복잡한데 주로 구독자 수, 조회 수, 시청시간 등의 기준을 통해 최대 전체 수익의 절반 가까이 수익배분을 받는다고 한다. 수익을 분배 받기 위한 최소 기준은 구독자 수 1,000명 이상, 그리고 연간 4,000시간 정도의 채널 시청시간으로 알려져 있다. 이런 수익구조를 고려할 때 대략 구독자 10만 명 정도가 넘어가면 부업이 아닌 전업으로 해볼 만하다고 한다. 한국노동연구원에서 발행한 〈미래의 직업 프리랜서〉 연구보고서에 따르면 1인 크리에이터 250명 대상으로 조사한 결과 주업으로 하는 크리에이터의 월평균 수입은 500만 원 수준이었다.[7-3]

하지만 편차가 매우 커서 최대 월 5,000만 원을 버는 크리에이터가 있는가 하면 월 5만 원 정도의 수입밖에 올리지 못하는 크리에이터도 있다고 한다. 주업으로 하는 크리에이터의 평균 수입이 생각보다 괜찮아 보이지만 중앙값이 150만 원에 불과하고 상위 소득과 하위 소득의 차이가 무려 1,000배 정도 되기 때문에 사실상 주업 크리에이터가 된다고 해도 소득을 예측하는 것은 불가능하다고 볼 수 있다.

이처럼 크리에이터를 직업으로 삼을 정도로 수입을 얻는 것은 쉬운 일이 아니지만 신종 직업 가운데 하나가 된 것은 분명한 사실이다. 필자가 항상 강조하지만 세상에 만만한 직업은 없다. 만약에 자신이 많은 사람들의 관심을 받을 수 있는 콘텐츠를 만들 자신이 있다면 일단 도전해볼 만한 일이다.

성공가능성이 높지 않음에도 불구하고 크리에이터가 제2의 직업으로 매력적일 수 있는 가장 큰 이유는 자격요건이 없다는 점이다. 물론 자격요건이 없더라도 크리에이터라는 직업이 내 자신의 최적의 직업이나 최선의 직업이 될 수 있어야 한다. 크리에이터가 되기 전에 우선 내가 마니아(mania) 수준으로 좋아하고 잘 아는 콘텐츠가 있어야 한다. 더불어 실제 광고수익까지 창출하는 크리에이터가 되려면 남다른 기획력과 연출 능력이 있어야 하고 기본적인 영상편집 소프트웨어를 능숙하게 사용할 수 있어야 한다. 또 구독자들의 관심을 끊임없이 이어가기 위해 지속적으로 콘텐츠를 올릴 수 있는 부지런함이 필수다.

장르별로 속속 인기 유튜버들이 생겨나고 있기 때문에 자신만의 콘텐츠를 빨리 개발하여 구독자를 선점하는 것도 중요하다. 1인 미디어라고 하지만 인맥이나 자본이 있다면 팀을 구성해서 좀 더 전문적으로 영상을 제작해 보는 것도 좋다. 그래서 최근에는 소속사를 두고 활동하는 크리에이터도 있다. 이들을 돕는 소속사는 MCN(Multi Channel Network)으로 불리는데 국내에서는 CJ E&M 계열의 다이아 TV가 대표적이며 기존 방송사 계열 또는 소규모 소속사들이 늘어나고 있다.

어쨌든 1인 미디어 관련 분야의 가장 큰 위험요소는 낮은 진입장벽이다. 진입장벽이 낮다는 것은 양날의 검이다. 억대 연봉의 수익을 올리는 크리에이터 기사를 보면 '야, 이거 나도 한번 직업으로 도전해 볼 만하겠는데…'라고 생각할 수 있지만 그런 억대 수익을 올리는 크리에이터들은 사실상 로또 당첨자에 가깝다. 따라서 1인 미디어 영역을 제2의 직업으로 생각한다면 일단 취미로 시작해보는 것이 좋다. 내가 야심 차게 만든 콘텐츠에 대한 대중의 반응을 보면서 자연스럽게 직업화하는 수순으로 이동하는 것이다. 취미에서 부업, 부업에서 전업으로 가는 전략이다. 단, 취미로 시작한다고 대충할 생각은 하지 말자.

소리 없이 성장한
―
웹소설
―

'땅에서부터 봄이 오고 있었다.

파릇한 생명이 곳곳에서 느껴졌다.

귀밑 잔분치를 날리는 바람에도 제법 훈훈한 온기가 섞여 있었다.

잎새달 초하루, 한양의 운종가

…'

위 글은 한 웹소설의 1회 도입부분이다. 독자 여러분들은 어떤 작품인지 짐작이 되는가? 바로 공전의 히트를 쳤던 윤이수의 《구르미 그린 달빛》이라는 웹소설이다. 본 작품은 웹소설 초창기라고 할 수 있는 2013년에서 2014년까지 네이버에 연재된 작품으로 누적 조회 수 5,000만 건 이상을 기록하며 TV 드라마, 책 출간까지 이어진 메가 히트 작품이다.

인터넷과 스마트폰은 유튜브와 같은 동영상 플랫폼에만 영향을 끼치고 있는 것이 아니다. 영상 콘텐츠만큼 빠른 속도는 아니지만 사실상 모든 콘텐츠 영역에 있어 온라인 매체가 활성화되고 있다. 과거에는 인쇄매체로만 제공되던 콘텐츠를 이제는 온라인으로도 즐길 수 있게 된 것이다.

대표적으로 웹소설과 웹툰이 있다. 웹소설은 1990년대 PC통신 기반의 온라인 소설을 시작으로 볼 수 있다. 그 시절 온라인 소설로 유명해져서 영화화까지 된 온라인 소설로 《퇴마록》과 《엽기적인 그녀》 등이 있다. PC통신을 기반으로 유통되던 온라인 소설이 인터넷 시대가 되면서 웹소설이란 이름으로 바뀌었다. 그 후 본격적인 스마트폰 시대가 되면서 웹소설 플랫폼도 늘어났다. 그 결과 최근 5~6년 사이에 웹소설 시장은 수천억 원대 수준으로 급격하게 성장하였다. 일부 인기 웹소설가의 경우 억대 연봉 이상의 수익을 올리고 있다고 한다. 이러한 분위기에 맞추어 웹소설 작가를 지망하는 사람들도 점점 늘어나고 있다. 이제는 관련 전공자도 아니고 중년의 나이에 데뷔하여 전업 웹소설가로 활발하게 활동하는 이들을 어렵지 않게 볼 수 있다.

웹소설은 무엇보다 온라인 조회를 통해 독자들의 반응을 실시간으로 확인할 수 있고 종이책과 달리 복잡한 유통구조를 통하지 않기 때문에 수익배분 구조가 상대적으로 깔끔하다는 장점이 있다. 유료 웹소설의 경우 조회 수에 따른 수익 배분은 대략 4:6에서 6:4 정도의 비율로 배분 받을 수 있다고 한다. 앞서 소개한 《구르미 그린 달빛》처럼 연재를 시작한 웹소설이 히트를 치는 경우 전자책이나 인쇄도서로 정식 출간도 하고, 웹툰, 영화, 드라마 등 다양한 형태로 활용될 수 있기 때문에 추가적인 수입도 가능하다.

일반적으로 회당 5,000자 내외 분량으로 총 30회 이상의 연재가 가능하면 된다. 대표적인 웹소설 플랫폼으로는 조아라, 문피아, 네이버 웹소설, 카카오페이지 등이 있다. 웹소설의 경우 인쇄소설에 비해 장르의 다양성이 떨어지는 편인데 주로 판타지, 로맨스, 무협, 퓨전 등이 선호하는 장르에 속하며 각 사이트마다 강세를 보이는 장르에 차이가 있다.

웹소설 시장에도 진입장벽의 원리가 적용된다. 내가 하기 쉬우면 남도 하기 쉽다는 뜻이다. 별다른 자격요건이 없는 일이라 무료 웹소설을 게시판에 올리기 시작하는 것은 어렵지 않다. 하지만 하루에도 수십, 수백 건의 신규 웹소설이 올라오기 때문에 독자들의 눈길을 한 번이라도 받는 것조차 쉽지 않을 수 있다. 남들 사이에서 적당히 해도 똑같은 수입을 얻을 수 있는 구조가 아니다. 전업으로 웹소설가가 되려면 하루 종일 글을 쓰며 지낼 각오를 해야 한다. 그렇게 해도 독자들의 관심을 받지 못하면 아르바이트 수준의 소득도 얻지 못할 수 있다. 그럼에도 불구하고 웹소설은 언제 어디서나 시간만 있다면 바로 글을 쓸 수 있기 때문에 웹툰이나 크리에이터에 비해 부업으로 시작하기 유리한 직업 가운데 하나다.

　물론 웹소설가를 제2의 직업으로 하기 위해선 자신에게 최적 또는 최선의 직업이어야 한다는 전제 조건이 따른다. 그렇다면 어떤 사람에게 웹소설가가 최적의 직업이 될 수 있을까? 먼저 책이든 웹이든 형태에 관계없이 소설이란 콘텐츠를 좋아하고 즐기는가 생각해보자. 한 가지 주의할 점은 무엇인가를 단순히 감상하며 즐긴다는 것이 그것에 대한 적성이나 능력까지 보장하는 것은 아니라는 점이다. 음악을 즐겨 듣는다고 해서 반드시 노래를 잘하거나 작곡을 할 수 있는 것은 아니듯이, 독서가 글쓰기에 도움은 되겠지만 책만 많이 읽는다고 글을 잘 쓰게 되는 것은 아니다. 따라서 소설을 쓰기 위해서는 독서에 대한 흥미뿐 아니라 실제 글을 쓰는 것을 얼마나 좋아하고 잘할 수 있는지 스스로 평가해봐야 한다.

　소설과 같은 장르를 잘 쓰기 위해서는 상상력, 추리력, 체계성 등이 요구된다. 웹소설의 경우 독자들의 피드백이 매우 빠르기 때문에 독자의 관점에서 재미를 느끼게 할 수 있도록 대중성을 잘 파악해야 한다. 인쇄소설이 수제 요리라면 웹소설은 인스턴트 요리다. 인물과 상황 중심으로 빠른 전개가 돼야 독자들에게 술술 읽힌다. 어쨌든 글은 말과 달리 시간을 쏟는 만큼 보완하고 개선할 수 있다. 그래서 글을 잘 쓰기 위해서는 타고난 글재주 외에도 성격이나 기질 측면에서 진득함도 필요하다.

위기는 또 다른 기회
—
귀농과 귀촌
—

세계적인 투자가인 짐 로저스는 몇 년 전 국내 언론과의 인터뷰에서 4차 산업혁명 시대에 유망한 직업으로 농부를 언급했다. 세계 인구는 계속 늘어나는데 기후변화와 식량문제가 점점 심각해지고 있기 때문에 농업은 새로운 기회의 산업이 될 수 있다는 의미로 한 이야기다.

대한민국은 머지않아 인구감소가 시작된다. 이미 서울과 수도권을 제외한 대부분 지역은 거주민 수가 감소하고 있어 지방자치단체들의 고민이 많다. 그 가운데서도 특히 농업, 어업과 같은 1차 산업을 기반으로 하고 있는 지역의 고령화 정도와 인구감소 문제가 심각하다. 해당 지역의 지방자치단체에서는 외부 인구 유입을 위한 정책의 하나로 귀농이나 귀촌을 장려하는 제도가 점점 더 많아지고 있다. 이러한 분위기에 맞춰서 도시생활에 지친 사람들이 전원의 삶과 함께 제2의 직업에 도전하기 위해 귀농이나 귀촌을 시도하고 있다.

귀농·귀촌 관련 최근 통계자료를 살펴보면 2016년 기준 귀농가구는 약 1만 2,800가구였으며, 귀촌가구는 귀농가구보다 훨씬 큰 규모로 약 32만 2,500가구였다고 한다.[7-4] 사실 농업 분야는 주목을 받지 못해서 그렇지 직업소분류 기준으로 '작물재배 종사자'는 총 120만 명 수준으로 경영관련 사무원, 매장판매 종사자에 이어 우리나라에서 3번째로 종사자가 많은 직종이다.

귀농은 시골로 돌아가 농업과 관련된 일을 주업으로 하는 경우를 뜻하고, 귀촌은 농업을 주된 목적으로 하지 않고 시골로 돌아가는 경우를 뜻한다. 시골로 돌아가 농산물 관련 유통업을 한다거나 창작활동을 하는 것, 또 은퇴 후 전원생활을 하는 경우 모두 귀촌으로 볼 수 있다. 그 밖에도 귀촌을 했다가 귀농을 하는 등 개인 상황에 따라 다양한 형태로 귀농과 귀촌을 할 수 있다.

귀농의 경우 전업귀농과 겸업귀농으로 구분할 수 있다. 전업귀농은 농지를 매입하거나 빌려서 밭농사, 논농사, 과수 및 기타 원예, 축산, 임산물 생산 등을 주업으로 한다. 겸업귀농은 농수축산업을 기본으로 하면서 가족 가운데 농업 외 분야에서 소득을 얻거나 수확한 농산물을 활용하여 농산물가공, 체험농장, 민박, 식당 등을 겸업하는 경우를 말한다.

태어난 곳과 연고지에 따라 귀농·귀촌의 형태를 구분하는 방법도 있다. 먼저 U형 귀농·귀촌은 농촌에서 태어난 사람이 도시로 이전하여 살다가 다시 연고지로 돌아오는 경우를 한다. J형은 농촌에서 태어나 도시생활을 하다가 연고지가 아닌 곳으로 돌아가는 경우를 뜻한다. I형은 도시에서 태어나 살다가 시골로 이전하여 사는 경우를 뜻한다.

농림축산식품부가 지난 5년간 귀농 및 귀촌한 2,507가구를 대상으로 조사한 〈2018년 귀농·귀촌 실태조사〉 결과에 따르면 귀농가구의 53퍼센트, 귀촌가구의 37퍼센트는 농촌에서 태어나 도시생활을 하다가 연고가 있는 농촌으로 이주한 U형이다.[7-5] 반대로 생각하면 귀농·귀촌가구의 약 절반 정도는 연고가 없는 농촌으로 이주를 한다고 볼 수 있다. 또 귀농·귀촌을 선택한 이유로 자연환경, 정서적 여유, 농업의 비전과 발전 가능성 등을 꼽았으며, 대부분 자발적인 이유로 귀농·귀촌을 선택했다고 한다. 다음으로 귀농·귀촌에 대한 만족도는 귀농가구의 60.5퍼센트, 귀촌가구의 63.8퍼센트가 전반적으로 만족했다고 한다. 그리 높다고 할 수는 없지만 낮은 것도 아니다.

조사결과를 좀 더 살펴보면 귀농가구는 귀농을 위한 준비에 평균 27.5개월, 즉 2.3년 정도를 소요했다. 그리고 귀농 후 5년 차의 평균소득이 3,898만 원으로 농가 평균 소득 3,824만 원과 거의 유사한 수준이라고 한다. 단, 귀농 후 초기에 부족한 소득분을 보완하기 위해 귀농가구의 43퍼센트가 농업 외 경제활동을 수행했다고 하니 경제적인 측면에서 초기 정착이 쉽지 않다는 것을 알 수 있다.

귀농교육의 경우 귀농가구의 66.7퍼센트가 귀농교육을 이수하였고, 교육을 이수한 가구가 그렇지 않은 가구보다 높은 농업소득을 창출했다. 많은 사람들이 귀농·귀촌 시 현지 주민들과의 관계에 대해서도 우려를 하는데 설문조사 결과 귀농가구의 76.9퍼센트, 귀촌가구의 62.5퍼센트가 인간적인 교류, 마을 일과 모임참여 활동 측면에서 지역주민과의 관계가 좋다고 응답했다. 귀촌의 경우 귀농에 비해 연고지로 이전하는 경우가 적고, 또 직접 농업을 하는 것이 아니기 때문에 마을 주민들과 교류할 일이 상대적으로 적을 수 있다는 점이 영향을 줬을 것으로 보인다.

사실 사람들을 만나보면 귀농·귀촌에 대해 의견이 분분하다. 자신이 고생한 경험담을 알려주면서 절대로 하지 말라고 하는 사람이 있는가 하면 한편에서는 만족스럽다고 하는 사람도 적지 않다. 4장에서 이야기했던 도배사 사례를 기억하는가? 어떤 직업이든 만족하는 사람과 그렇지 못한 사람은 동시에 존재한다. 어느 한쪽의 이야기만으로 한 직업을 온전히 평가하는 것은 주의하자. 어쨌든 귀농과 귀촌은 새로운 일에 도전하는 것일 뿐 아니라 새로운 환경에 정착까지 해야 하기 때문에 그 어떤 선택보다 신중하게 판단할 필요가 있다.

무엇보다 전원생활에 대한 동경으로 귀농·귀촌에 대한 환상을 갖는 것은 위험하다. 자산이 많아서 귀농·귀촌에 대한 경제적인 위험성이 없다면 모를까 사실상 귀농·귀촌은 창업이나 창직을 하는 것과 비슷한 수준의 위험요소를 갖고 있다. 농업 관련 흥미/적성, 영농 기술 습득, 차별화된 아이템, 정착지 선정, 마을 사람들과의 관계 형성, 마케팅/영업 전략, 자녀교육 등 여러 가지 요소를 고려한 후 최종 결정을 내려야 한다.

다행히 귀농·귀촌 희망자를 위한 프로그램이 있다. 농림축산식품부에서 운영하는 귀농·귀촌 종합센터 웹사이트에 가면 기본적인 귀농 절차, 상담서비스, 지원정책, 관련 교육정보 등이 상세히 제공된다. 또 지방자치단체별로 귀농·귀촌 교육을 제공하며 지역 특성에 맞는 특별 프로그램도 수시로 개설된다. 예를 들어 전라남도의 경우 '전남에서 먼저 살아보기'라는 사업을 운영하고 있는데 해당 프로그램 참여자는 전남 소재 농어촌에서 일정 기간 체류하며 농촌 체험 및 영농기술 교육, 지역정보 수집 등의 기회를 가질 수 있다. 경기도 양평 수미마을에서는 만 40세 미만을 대상으로 청년귀농 장기교육을 제공하는데 합숙교육으로 총 교육시간만 600시간이나 된다.

지역에 따라 차이가 있겠지만 기본적으로 시골생활은 도시와 달리 한적하고 다양한 사람을 만나기 어려운 환경이 많다. 몇 년 머물다 갈 곳을 찾는 것이 아니기 때문에 마을 주민들과 유대관계도 중요하다. 너무 외향적인 성향인 경우 인적 네트워크가 잘 갖춰진 도시생활에 미련이 남기 쉽고, 반대로 너무 내향적인 경우 지역 주민들과 충분한 유대관계를 형성하지 못해서 어려움을 겪을 수도 있다.

농업은 현장형 직업에 속한다. 작물, 토지, 날씨 등 자연환경의 미묘한 차이를 잘 구분할 수 있는 섬세한 성격이 유리하고, 실외에서 주로 몸을 쓰는 일인만큼 건강과 체력도 중요하다. 또 품질 좋은 농산물을 생산하더라도 유통 방식에 따라 수익성이 좌우될 수 있으므로 사업가적인 안목도 갖추는 것이 좋다.

미래의 농업은 최첨단 기술을 활용한 '스마트팜'(smart farm)이 대세가 될 가능성이 높다. 사물인터넷 기술을 활용하여 직접 농장에 가지 않고 스마트폰 앱으로 농작물에 물을 주는 기술이 보급되고 있다. 인공지능을 활용하여 채소를 자동으로 분류해주는 기계가 개발되고 있는가 하면 농작물의 영양 상태를 알려주는 기술도 연구되고 있다. 머지않아 인공지능, 빅데이터, 드론, 무인 트랙터 등 첨단 기술을 활용할 수 있는 능력이 성공적인 귀농·귀촌을 위한 필수조건이 될 수 있다. 단순히 자연을 동경하는 사람보다는 자연과 기술을 접목할 수 있고, 자연 속에서 비즈니스의 기회를 찾을 수 있는 사람들이 귀농·귀촌에 도전해보도록 하자.

최첨단 IT 산업과
—
기회의 직업
—

첨단 기술의 발전 속도가 날로 높아지고 있다. 4차 산업혁명으로 일컬어지는 최근 기술 트렌드의 가장 큰 특징은 인공지능, 사물인터넷과 같은 최첨단 IT 기술을 중심으로 다양한 영역이 융합되어 고도의 지능화, 자동화된 제품과 서비스가 출현한다는 것이다. 이러한 트렌드는 직업과 일자리에도 큰 영향을 줄 것이다. 그렇다면 첨단 기술은 어떤 이들에게 기회를 제공할 것인가?

첫째, 첨단 기술을 연구하고 개발하는 사람이다. 지극히 당연한 말이다. 4차 산업혁명이 화두가 되기 시작한 최근 3~4년 사이에 IT 분야에서는 개발자에 대한 수요가 폭증하고 있다. 갑작스러운 수요 증가로 IT 업체에서 개발자들을 뺐고 뺏기는 현상이 벌어지고 이들의 연봉 또한 급격하게 올라가고 있다. 인공지능, 빅데이터, 사물인터넷, 핀테크, 자율주행차, 드론, 로봇, 2차 전지 등 4차 산업혁명을 주도하는 첨단 기술과 관련된 영역에서 고용이 늘어나고 새로운 직업이 탄생할 가능성이 높다. 이 가운데서도 핵심 기술이라고 할 수 있는 인공지능과 로봇 기술 분야는 아직 전문가가 많지 않다. 따라서 유관 분야 경력이 있거나 관련 교육을 충분히 이수한 경우 제2의 직업으로 도전해볼 수 있는 여지가 있다.

둘째, 우리는 오랜 역사를 통해 기술의 발달은 새로운 상품과 서비스를 만들어낸다는 것을 알고 있다. 인공지능, 로봇, 사물인터넷과 같은 기술은 특정 산업만이 아닌 산업과 사회 전반에 걸쳐 새로운 변화를 가져다 줄 기술이다. 기술에 대한 이해를 바탕으로 진취적이고 창의적인 사고를 하는 사람들에게 어느 때보다 큰 비즈니스의 기회가 올 것이다.

미국에서는 미니 로봇이 배달해주는 피자 사업이 시작됐는가 하면 일본의 한 농부는 인공지능을 활용해 오이를 분류해주는 기계를 개발하고 있다. 첨단 기술에 흥미를 갖고 실생활에 응용할 수 있는 제품이나 서비스를 기획할 수 있다면 제1의 직업보다 더 큰 기회를 찾을 수도 있다.

셋째, 고도로 자동화, 지능화된 기술은 1인이 할 수 있는 일의 범위를 극대화시켜줄 것이다. 인공지능 비서, 인공지능 상담원, 인공지능 경리사원, 판매로봇, 배달로봇을 활용한다고 생각해보자. 과거에 직원 10명 정도는 고용해야 할 수 있던 사업을 1인 또는 2~3인으로 운영할 수 있는 세상이 온다. 1980~1990년대에 '사무자동화' 열풍이 불었다면 이제는 '경영자동화' 열풍이 불 것이다. 4차 산업혁명은 자본과 인적자원의 제약을 뛰어넘을 수 있는 환경을 제공할 것이다. 앞으로 회사의 경쟁력은 직원 수가 아닌 자동화율로 평가하는 시대가 올지도 모른다. 이런 관점에서 미래에는 1인 기업을 비롯한 강소기업이 많이 등장하게 될 것이다.

4차 산업혁명을 주도하는 첨단 기술은 제1의 직업뿐 아니라 제2, 제3의 직업을 찾는 사람들에게도 전과 다른 수준의 기회를 제공할 가능성이 높다. 제2의 직업을 찾는 사람이라면 첨단 기술이 자신의 직업과 관련이 없다고 등한시하기보다는 어떤 식으로든 이해하고 활용하려는 마음가짐을 갖는 것이 좋다.

신직업과
—
제2의 직업
—

　신직업은 새로 생겨난 직업을 뜻한다. 신직업은 수요가 많지 않고 종사자도 적기 때문에 직업에 대한 정보가 부족하다. 그러다 보니 지나치게 미화되기 쉬워 유망 직업으로 소개되는 경우가 많다.

　새로운 직업이라도 진입장벽이 낮고 전문성이 떨어지는 일이라면 좋은 대우를 받기 어렵다. 또 실제 하는 일을 보면 기존 직업과 별 차이도 없는데 명칭만 거창하게 바꿔서 부르기도 한다. 이런 경우만 아니라면 신직업은 경쟁자가 많지 않은 미지의 세계라는 점에서 매력적이다. 그러면 제2의 직업으로 고려해볼 만한 신직업을 몇 가지 살펴보자.

　이 세상에 게임을 싫어하는 사람이 얼마나 될까? 공부는 싫어해도 게임을 좋아하는 사람은 많을 것이다. 게이미피케이션(gamification)이란 게임 기법이나 게임적 사고방식을 적용해 교육, 마케팅, 전략수립 등에 활용하는 방법을 뜻한다. 게이미피케이션은 교육현장에서는 교육생들의 자발적 참여와 유연한 사고를 유도하고, 마케팅에서는 소비자들이 보다 자연스럽게 몰입할 수 있게 한다. 또 조직의 전략수립 과정에서는 다양한 아이디어가 제시되도록 촉진하며 유연한 소통을 통해 집단의 문제해결 능력을 극대화할 수 있도록 도와준다.

게이미피케이션 전문가는 다양한 현장에서 게임화된 기법을 적용할 수 있도록 도와주는 일을 한다. 특성상 강사나 컨설턴트 역할로 일을 수행하는 경우가 많다. 게이미피케이션은 다양한 현장에 적용할 수 있기 때문에 활동범위가 무궁무진하다. 과거 인사업무 경험이 있는 경우는 기업 타깃으로 활동할 수 있고 청소년을 대상으로 하는 일을 했던 사람은 청소년 교육기관에서 활동할 수 있다. 기타 공공기관이나 스포츠, 문화콘텐츠 등의 영역에서도 활동이 가능하다.

스마트팜이란 스마트폰을 비롯한 각종 자동화 기술을 농업현장에 적극 활용하는 농장을 뜻한다. 스마트팜 전문가는 농장자동화를 도와주는 전문가다. 토지, 물, 기후 등과 같은 농장환경과 작물 특성을 분석하여 주어진 환경에 최적화된 농업 자동화 솔루션을 제안하고 구축과 운영하는 것을 돕는다. 따라서 스마트팜 전문가는 농업에 대한 지식뿐 아니라 건축, 기계 및 IT 기술 등에 대한 복합적인 지식과 경험이 요구된다. 최근 정부에서도 스마트팜 혁신밸리 구축계획을 수립한 바 있고, 요즘 귀농·귀촌을 하는 신세대들은 농장자동화에 대한 관심이 높기 때문에 향후 직업적인 수요증가도 예상된다.

스마트팜과 관련된 직업으로 정밀농업기사라는 직업도 있다. GIS(지리정보시스템), GPS, 데이터 등을 활용하여 농작물이나 농장환경에 최적화된 재배 전략을 제시해준다. 아직 우리나라에서는 생소한 직업이지만 미국에서는 수만 명의 종사자가 있을 정도로 일반화된 직업이다.

디지털 장의사는 고인이 생전에 온라인 상에 남겨놓은 흔적을 정리해주는 직업이다. 인터넷 시대가 시작된 지 20년이 훌쩍 넘었다. 이미 추억이 되어버린 프리챌, 아이러브스쿨, 싸이월드에서 트위터, 페이스북, 인스타그램, 밴드 등 다양한 온라인 사이트에 올려놨던 자료와 게시물들을 본인도 다 기억할 수 없을 정도다. 그러다 보니 유족들 입장에서도 일일이 알지 못하는 고인의 온라인 정보를 삭제하는 것은 쉽지 않은 일이다. 최근에는 자신의 의도와 관계없이 온라인 상에 유출된 정보를 찾아내서 삭제해주는 일도 한다. 디지털 장의사는 전문 검색기술을 활용하여 고객이 의뢰한 계정, 게시물, 댓글 등을 삭제해준다. 국내에도 관련된 일을 하는 사람들이 늘어나고 있으며, 일반인에서 연예인에 이르기까지 다양한 고객층이 있다. 우리나라는 인터넷 강국인지라 온라인 상에 개인 정보에 대한 이슈도 많은 편이다. 따라서 디지털 장의사에 대한 수요는 점차 늘어날 것으로 보인다. 특별한 자격요건이 있는 것은 아니지만 IT 관련 전문성이 필요한 일이다. 인터넷 검색, 웹개발, 데이터베이스 등 컴퓨터 관련 지식이 많을수록 유리하다.

신직업은 잘 알려지지 않은 상태이기 때문에 수요에 대한 확신을 갖기 어렵다. 그래도 직업적인 희소성이 있기 때문에 쉽게 포기하지 않고 꾸준히 홍보를 하며 역량을 키운다면 선점효과까지 얻을 수 있다. 초기에는 창직이나 프리랜서 형태로 일을 하다가 수요가 늘어나는 것이 확인되면 본격적인 사업모드로 전환하는 것도 좋은 전략이다.

—

주목할 만한 직업
들여다보기

우리는 7장에서 직업의 비전을 살펴보기
위해 산업과 시장에 대해 이야기했다. 이
제 나무를 볼 차례다. 직업탐구 2단계는
후보 직업 관련 정보를 최대한 자세히 알
아보는 것이다.

서문에서도 이야기했지만 모든 사람에게
다 잘 맞는 직업은 세상에 없다. 여러분 각
자의 특성과 경험, 환경이 다르기 때문이
다. 그래서 모두가 아닌 누군가에 기회가
될 수 있는 직업을 선정할 수밖에 없었다.
이번 장에서는 제2의 직업을 결정할 때 우

선적으로 고려해야 할 요소를 기준으로 대표 직업을 선정하였다. 그 기준은 다음과 같다.

나이 제약이 덜한 직업, 진입장벽이 지나치게 높거나 낮지 않은 직업, 오래 할수록 전문성을 추구할 수 있는 직업, 성과를 잘 낼 경우 대기업 직원 수준의 소득까지 가능한 직업, 그리고 고용안정성까지, 이상 5개 요소 가운데 최소 3개 이상 충족되는 직업을 선정하였다. 물론 이번 장에서 다루는 직업 외에도 여러분 각자 특성에 맞는 제2의 직업이 있을 것이다. 매력적으로 보이는 직업을 찾았다면 8장을 참고하여 여러분 자신만의 직업탐구 보고서를 작성해보자.

직업강사 편
—

콘텐츠의 시대가 도래하면서 주목할 만한 직업 가운데 하나가 강사다.

예전에는 강의주제가 제한적인데다가 주로 정규 학위과정이나 실무경험을 통해서만 지식을 쌓을 수 있었기 때문에 강사라는 직업도 진입장벽이 높았다. 하지만 인터넷 시대가 되면서 온라인 검색만 잘해도 유용한 정보를 얻을 수 있게 되었다. 대학교나 대학원 수업에서나 들을 수 있는 지식도 인터넷을 통해 학습할 수 있게 된 것이다. 더불어 '융합'이 강조되는 시대가 되다 보니 특정 영역의 전문성을 가지고 있지 않더라도 다양한 영역의 정보를 잘 엮어내는 것만으로도 주목 받는 콘텐츠를 개발할 수 있게 되었다. 역설적이지만 개방형 정보의 급속한 증가로 검증되지 않거나 유사한 정보가 넘쳐나서 오히려

가치 있는 정보를 찾기 어려워지는 현상도 일어났다. 한마디로 지식 창조자가 아닌 지식 전달자 역할도 중요해진 것이다.

요즘 미디어에서 주목 받는 스타 강사들의 프로필을 보자. 과거에는 대학교 교수나 외국에서 일을 해본 사람들이 인기 강사가 되곤 했는데 이제 대단한 스펙을 갖지 않은 사람 가운데서도 스타 강사가 탄생한다. 직업으로 강사를 하기 위해서 최소한의 전문성도 필요하지만 자신의 지식과 경험을 청중의 눈높이에 잘 맞춰 맛깔스럽게 전달할 수 있다면 어느 정도 전문성을 상쇄시킬 수 있게 된 것이다.

직업강사 혹은 전문강사란 전업으로 강의를 하는 직업을 뜻한다. 전문강사가 되기 위해서는 우선 자신만의 콘텐츠가 있어야 한다. 물론 강의는 교육의 범주에 들어가는 일이기 때문에 강사의 학력이나 경력 등도 자격요소가 된다. 하지만 강의주제나 교육대상에 따라서 반드시 최고 스펙을 갖춘 강사만 찾는 것은 아니기 때문에 고정관념을 가질 필요는 없다. 가장 중요한 것은 내가 가지고 있는 콘텐츠에 관심 있어 하는 청중이 있는지 여부다.

다음으로 필요한 것은 강단 앞에 서는 것을 즐길 수 있는지 여부다. 강사는 연예인이 아니지만 항상 많은 사람들 앞에서 이목을 집중시켜야 하고 그 사람들을 이성으로든 감성으로든 감동시켜야 한다. 아무리 참신한 콘텐츠를 가지고 있더라도 강단에서 자신감과 전달력을 보여주지 못한다면 스스로 지칠 수 있는 게 강의라는 일이다.

마지막으로 영업력이다. 아무리 좋은 콘텐츠와 뛰어난 자질이 있더라도 불러주는 사람이 없다면 돈을 벌 수 없다. 그 분야에서 어지간히 유명해지기 전까지는 항상 자신을 알리고 인맥을 관리해야 한다.

그렇다면 강사라는 직업을 보다 깊이 탐구해보자.

제2의 직업에 도전하는 사람은 제1의 직업을 통해 얻은 콘텐츠, 사회경험 그리고 인맥이 있다. 따라서 강사라는 직업에 필요한 기본 재료가 어느 정도 준비되어 있는 셈이다. 커리어 상담을 하다 보면 강사라는 직업에 관심이 있는 사람들을 종종 본다. 그런데 강사에 도전할지 쉽게 결정을 내리지 못하는 이유가 있다. 먼저, 내가 청중 앞에서 무엇을 강의할 수 있을지, 즉 강의주제에 대한 고민이다. 다음은 과연 누가 나에게 강의를 요청해 줄지, 즉 영업/마케팅에 대한 고민이다.

강사가 되기 위해서는 강의대상과 강의주제를 정해야 한다. 당장 내게 강의 의뢰가 오지 않더라도 내가 원하면 강의를 시작할 수 있다고 가정하고 누구를 대상으로 어떤 내용을 강의할 것이지 고민해 보자. 강의대상은 청소년, 대학생, 성인, 회사원, 학부모, 사회 초년생, 중장년, 공무원, 실업자 등 연령, 직업, 성별, 기타 특성에 따라 구분할 수 있다. 그런데 아직 강의내공이 쌓이지 않았을 때는 강사의 나이보다 조금 적은 대상자가 편할 수 있다. 지식이나 경험 측면에서 청중의 수준에 맞추기 쉽기 때문이다. 그 다음으로 강사와 비슷한 연령대가 좋다. 강사와 청중이 비슷한 연령대인 경우 세대차이가 없고 문화,

언어적으로 공감대를 끌어내기에 유리하기 때문이다.

일반적으로 강사보다 나이가 많거나 학력수준이 높은 청중을 대상으로 할 때는 내용의 난이도나 커뮤니케이션에 많은 내공이 요구된다. 청소년의 경우 집중력을 오래 유지하지 못하기 때문에 그들의 눈높이에 맞춰 재미있게 전달하는 능력이 중요해진다.

다음은 강의주제다. 강의주제는 강사가 원하는 주제와 고객(강의의뢰자 또는 청중)이 원하는 주제가 있을 것이다. 돈을 벌기 위해 강의를 하다 보면 자신이 해본 적 없는 강의주제도 도전해보고 싶은 유혹이 들 수 있다. 하지만 해당 주제와 관련된 경험이나 전문지식이 부족한 상태에서 강의를 할 경우 좋은 강의평가를 받기 힘들다. 따라서 강의주제는 자신만의 차별화된 경험이나 전문성 있는 지식 가운데서 현재 트렌드에 부합될 수 있는 콘텐츠를 선정하는 것이 좋다.

그렇다면 강사가 가장 편안하고 자신 있게 말할 수 있는 강의주제가 무엇일까? 바로 강사 자신의 스토리를 이야기하는 것이다. 내가 살아온 과정이나 직접 겪은 경험담을 이야기하는 것이니 굳이 준비해야 할 것도 없이 이야기가 술술 나온다. 필자가 만나본 강사 가운데 초등학생 때 전국 일주를 해본 사람, 비선수 출신으로 국가대표 배드민턴 선수에 도전해본 사람 등 매우 특별한 경험을 한 사람들이 많았다. 나는 상상조차 해본 적 없는 도전을 했던 그들이 한편으로 존경스럽기도 했지만 그들이 부러웠던 가장 큰 이유는 바로 강의 내내 자기 이야기를 하는 것만으로 커다란 박수를 받을 수 있었다는 사실이었다.

강의대상과 강의주제가 결정되었다면 교안을 만들어야 한다. 일반적으로 성인을 대상으로 한 특강은 90~120분 단위로 진행된다. 따라서 강의교안도 그에 맞게 적당한 분량으로 작성한다. 좀 더 전문적인 주제라 콘텐츠 분량을 충분히 만들 수 있다면 시리즈 강의 형태로 교안을 만들어 놓는 것도 좋다.

강의내용이 준비되었다면 이제 강의기술을 체크할 차례다. 강의란 1대1 대화가 아니다. 강사 1인이 다수의 청중에게 일방적으로 이야기를 전달하는 형태이기 때문에 청중 입장에서 오랜 시간 몰입하는 것이 쉬운 일이 아니다. 강의내용과 관계없이 강의기술이 얼마나 중요한지는 학창시절 수업을 떠올리면 금방 알 수 있다. 대학교 교수님이라면 그 분야에서 최고의 권위자들이라 할 수 있다. 분명 연구실적이나 대외인지도 면에서 최고인 교수님이 진행하는 수업인데 이상하게 5분만 지나면 졸리게 만드는 마법을 갖고 있는 교수님이 적지 않다. 중고등학교 수업도 비슷하다. 다른 분야의 전문가도 아니고 사범대에서 교육학을 배운 분들일 텐데 정작 학생들에게 잘 가르친다는 평을 듣는 교과목 선생님은 그리 많지 않다.

펜실베이니아대학교 심리학과 교수인 앤절라 더크워스는 그의 베스트셀러 《그릿》에서 다음과 같은 일화를 소개한다. 그녀는 온라인 강의로 유명한 TED에서 강의를 요청받은 적이 있었다. 불과 6분짜리 강의였음에도 불구하고 그녀의 시연은 스태프들에게 여러 가지 지적을 받았고, 가족 앞에서조차 지적을 받았다고 한다. 그녀는 교수가 되기 전에 글로벌 컨설팅 회사에서 컨설턴트를, 게다가 공립학교에서 교사로 일을 했던 경력이 있었는데 말이다. 그 후 각고의 노력으로 연습을 한 끝에 성공적으로 TED 강의를 녹화했다고 한다.

강의는 소수의 사람들과 하는 대화와는 다르다. 내가 평소에 사람들과 함께 있을 때 이야기를 잘한다고 강단에서도 잘하라는 법은 없다는 것을 잊지 말고 겸손하게 자신의 강의실력을 평가해보자.

강의라는 특성을 감안할 때 강사의 내공을 구분하는 2가지 척도가 있다. 첫째는 청중 입장에서 얼마나 참신하고 유익한 콘텐츠를 제공하는지 여부이고 둘째는 얼마나 재미있고 체계적으로 이야기를 하는지 여부다. 2가지 척도를 곱하면 4가지 유형의 강사로 분류할 수 있다.

유형 1

참신하고 유익한 콘텐츠를 재미있고 체계적으로 전달하는 강사. 한마디로 가장 뛰어난 강사 그룹이다. 소위 스타강사라고 불리는 사람들이 이 경지에 오른 강사들이다. 간혹 청중들의 환호에 도취되어 자신의 전문 영역도 아닌 부분까지 다루다가 스스로 무덤을 파는 경우가 있는데 이것만 주의하면 된다.

유형 2

참신하고 유익한 콘텐츠이지만 재미있고 체계적으로 전달하지는 못하는 강사. 가능성이 있는 강사그룹이다. 청중에 따라 호불호가 갈릴 수 있으나 꾸준히 강의기법을 훈련하고 준비를 철저히 하면 유형1에 가까워질 가능성이 있다. 간혹 강의내용이 좋다는 것에 매몰되어 자신의 강의가 재미까지 있을 것이라고 착각하는 경우가 있다(물론 내용 자체에서 재미를 느끼는 청중도 있긴 하다).

유형 3

참신하고 유익한 콘텐츠는 아니지만 재미있고 체계적으로 전달하는 강사. 평균 수준의 청중이라면 나쁘지 않은 피드백을 받을 수 있는 강사그룹이다. 다만 청중의 수준이 높거나 특정 영역의 전문가를 대상으로 한 강의에서는 좋은 피드백을 받기 어렵다. 강의내용과 관련된 전문성이 부족하기 때문에 내공의 부족함을 재치와 전달력으로 보완하는 경우가 많다. 좋은 교안을 얻게 되면 일정기간 강의력이 급상승하는 경험을 하기도 한다. 강의내용에 대한 전문성이 부족하기 때문에 강의 중 질문 받는 것을 두려워하는 경우가 많다.

유형 4

참신하고 유익하지도 않은 콘텐츠를 재미있고 체계적으로 전달하지도 못하는 강사. 사람들 앞에 서는 것이 좋아서 강사를 하고 싶어 하지만…. 다른 일에 적성이 있다면 직업을 바꾸는 것이 좋다.

위 유형을 참고해서 내가 어떤 유형의 강사가 될 수 있을지 생각해 보도록 하자. 강사를 섭외하는 담당자 입장에서 교육생의 강의평가가 중요하기 때문에 강사 한 명을 섭외할 때마다 매우 조심스럽다. 또 교육담당자들은 그들만의 네트워크가 있다. 강사의 인성과 업계의 평판도 강사 선정에 영향을 주는 요소이므로 평소 자기관리를 잘해야 한다.

[표 8-1] 강사 활동 영역

영역	주요 주제	강사 특성	강사 섭외자
기업	리더십, 커뮤니케이션, 서비스(C/S), 직무역량 관련 주제	교수, 전문강사, 분야별 전문가	기업 인사교육담당자, 에이전시(엑스퍼트컨설팅, 인키움, 컨설테크인터내셔날, PSI컨설팅 등)
학교	전공과목, 교양과목, 진로/취업, 기타특강	겸임교수, 강사, 특별초빙	교직원
공공/대중	인문, 경제, 과학, 직업훈련, 자격과정, 평생교육 등 모든 주제	분야별 전문가, 유명인, 전문강사	공공기관 담당자

▶ 청소년 대상 사교육 영역 제외

전문강사

한지민(가명) 씨는 15년 넘게 프리랜서 기업강사로 활동하고 있는 여성이다. 주로 기업을 대상으로 '커뮤니케이션' 관련 주제 강의를 한다. 한지민 씨의 첫 번째 직업은 스포츠 헬스 분야의 퍼스널트레이너였다. 그런데 불의의 부상으로 트레이너를 계속할 수 없게 되었다. 퍼스널트레이너는 기본적으로 체육에 대한 지식과 경험이 필요하지만 트레이너의 역할을 하기 때문에 끊임없이 고객과 소통하고 체계적으로 일처리를 해야 한다.

소통과 체계성이라는 측면에서 퍼스널트레이너는 강의를 하는 것과 부분적으로 공통점이 있다. 게다가 타고난 성향도 외향적이고 자기주도적이었던 한지민 씨는 제2의 직업을 고민한 끝에 예전부터 관심이 있던 직업강사에 도전하기로 결정한다. 결국 한지민 씨는 사설교육기관에서 제공하는 강사 양성 과정을 수료하게 되었다. 교육과정에 열심히 참여한 결과 수료하는 시점에 바로 출강을 제안받게 되어 자연스럽게 직업강사로 첫발을 내딛게 되었다.

처음 몇 년간은 강사양성기관에 전속되어 강의를 하였고, 강사로서 내공이 쌓이고 인맥이 형성되면서 독립하여 현재까지 기업강사로 전국을 누비고 있다.

기업강의는 인사교육의 일환으로 다양한 주제로 진행된다. 일부 강의는 교수나 박사급의 전문가들이 진행하지만 고객서비스나 커뮤니케이션 관련 강의의 경우 난이도가 높은 주제가 아니기 때문에 실제 강의능력과 강사에 대한 교육생들의 평가가 나쁘지 않다면 진입장벽이 그리 높지 않다고 한다. 다만 강의주제가 어렵지 않기 때문에 오히려 끊임없이 교안을 업데이트하려는 노력을 해야 하다고 한다. 또 직업강사는 고객이 원하는 때 원하는 장소로 갈 수 있어야 하기 때문에 프리랜서로 활동하더라도 사적인 스케줄 관리가 어려운 경우가 많다. 사실 프리랜서라고 하더라도 찾아주는 고객이 많으면 회사원보다 더 개인 여가생활에 시간을 내기 어려울 수도 있다.

한지민 씨는 기업강사라는 직업의 비전에 대해서 다음과 같이 말하며 인터뷰를 마쳤다. "기업교육 시장도 경기나 트렌드에 따른 영향은 있습니다. 하지만 교육이란 시대, 문화, 사회를 막론하고 영원히 필요하기 때문에 기업강사에 대한 기본적인 수요는 항상 존재할 것입니다. 단, 평생직업으로 하기 위해서는 프로 강사로서의 자기관리와 자기계발을 끊임없이 해야 합니다."

교육컨설팅 전문가와의 대화

이상우(가명) 팀장은 오랫동안 교육컨설팅 회사에서 근무한 경력을 가지고 있다. 대기업에서 중견기업에 이르는 다양한 기업을 도와 HR컨설팅과 교육프로그램 기획업무를 수행하였다.

Ⓠ 간단히 경력을 소개해주시기 바랍니다.

교육컨설팅 회사에서 15년간 근무했습니다. 주로 했던 일은 HR컨설팅, HRD과정개발 및 강사섭외입니다.

Ⓠ 기업에서 주로 초빙하는 강사는 어떤 주제를 강의하는 분들인가요?

일반적으로 5개 영역으로 나눌 수 있습니다. 첫째는 일반특강입니다. 인문학, 성공스토리, 전문분야 등 다양한 주제가 있으며 1회성 강의라는 특징이 있습니다. 둘째로 리더십 관련 교육입니다. 많은 직원들이 함께 일을 하는 직장에서 리더십은 매우 중요한 자질입니다. 따라서 기업에 따라 다양한 방식으로 임직원들에게 리더십 관련 교육을 실시합니다. 셋째는 보편적인 업무수행 능력과 관련된 주제인데요. 문서작성법, 프레젠테이션, 커뮤니케이션 등에 대한 교육도 많이 하는 편입니다. 넷째는 직무별 전문성을 키우기 위한 주제로 B2B영업/마케팅 기법, 고객응대 전략, 최신 기술 트렌드 등에 대한 교육입니다. 다섯째로 조직문화, 비전체계를 수립하기 위한 주제로 전사적으로 조직의 비전을 공유하고 그에 따른 조직활성화를 위한 강의, 연극, 게임 등 다양한 방식으로 교육이 이루어집니다.

Q 기업의 교육담당자 분들은 어떤 경로로 강사를 찾습니까? 강사 입장에서는 영업을 위한 콘택트 포인트가 될 수 있을 것 같은데요.

교육 담당자분들은 주로 강사 풀(pool)을 가지고 있는 에이전시업체의 도움을 받아 강사를 섭외합니다. 교육컨설팅 업체나 강사섭외 전문업체 등을 예로 들 수 있습니다. 물론 교육 담당자가 직접 강사를 섭외할 때도 있습니다. 주변 인맥을 활용하거나 온라인 검색을 통해서 강사를 찾습니다. 강의 주제와 관련된 책을 쓴 저자, 방송에 자주 나오는 분, 대학교 교수 등을 검색할 때도 있고요. 또 블로그나 페이스북 등 SNS를 활용해서 강사를 찾기도 합니다. 말씀하신 것처럼 강사 입장에서는 이런 경로를 통해 교육담당자와 연결될 수 있도록 노력을 해야 합니다. 책이나 방송출연은 그 자체만으로 어느 정도 검증된 강사로 인정받을 수 있지만 블로그나 페이스북 같은 매체를 활용하는 경우 1~2년간 꾸준히 콘텐츠를 올리고 관리하는 것이 중요합니다.

Q 기업에 강의하는 분들의 강의료는 보통 어느 수준인가요?

보통 강사료는 시간당 단가로 결정이 됩니다. 1회성 특강 같은 경우 인지도에 따라 차이가 큽니다. 최근 모 연예인 때문에 1,000만 원이 넘는 강사료가 화제가 되었는데요. 일반적으로 50~700만 원 선에서 결정됩니다. 그리고 1회성 특강이 아닌 전문교육 프로그램에 몇 시간 이상 투입될 경우 시간당 30~50만 원 정도 사이에서 결정되는 경우가 많습니다. 물론 이 비용은 기업에서 지불하는 비용이고 에이전시를 통해서 강의를 하게 되는 경우 강사료의 30~50%가량을 수수료로 나누게 됩니다.

Q 그동안 정말 많은 강사를 섭외해보셨을 텐데요, 우수한 강사가 되려면 어떤 자질이 있어야 합니까?

간단하게 말해서 지식, 전달력(재미), 겸손함 이렇게 3가지 요소가 중요한 것 같습니다.

Q 혹시라도 두 번 다시 섭외하지 않는 강사가 있다면 주로 어떤 문제가 있는 강사입니까?

첫째, 지식이나 전달력 둘 중에 어느 하나라도 부족한 강사입니다. 그 다음으로 강의 중에 정치나 종교적인 발언을 하는 강사, 강의시간에 늦는 강사도 블랙리스트에 오를 가능성이 높습니다.

Q 기업에 출강하는 강사가 되려면 어떤 학력이나 경력이 필요한가요?

기업강의를 주로 하는 전문강사가 되려면 최소 대졸 이상의 학력은 되어야 하고요. 이미 유명 강사라면 모를까 업계에서 검증이 안 된 강사라면 명문 대학을 나오거나 석사 이상의 학력을 갖추는 것이 좋습니다. 경력 측면에서는 대기업 출신을 선호하구요. 책을 썼거나 방송에 출연한 경력이 있으면 도움이 됩니다. 강사가 되려고 이런저런 자격증을 따는 분들이 있는데요. 솔직히 기업교육에서는 자격증을 보고 강사를 섭외하지는 않습니다.

Q 최근 기업교육 분야의 트렌드는 어떻습니까?

주 52시간제 등의 영향으로 교육기간이 짧아지고 있는 것 같습니다. 그리고 온라인을 통해 제공되는 교육콘텐츠가 늘어나면서 교육생들의 수준이 높아지고 있습니다. 그러다 보니 단순 지식이나 기술 관련 교육은 줄어들고 있습니다. 반면에 리더십, 커뮤니케이션, 협상, 성과관리 등의 주제는 여전히 수요가 있습니다. 사람을 대상으로 하는 업무가 제일 어렵기 때문에 그런 것 같네요.

Q 직업으로 하는 전문강사의 비전은 어떻다고 보십니까?

프리랜서로 활동하기에 아주 좋은 직업입니다. 끊임없이 콘텐츠를 개발하며 강의력을 키운다면 부가가치도 높일 수 있고요. 단, 이쪽에서도 회사나 강의주제에 따라 선호하는 나이대가 있습니다. 남성은 주로 30대 중반에서 50대 중반, 여성은 30세~50세 정도 나이를 선호합니다. 따라서 중년 이후에 기업강사를 사려면 주로 임원이나 팀장급에서 들을 만한 주제로 강의를 하는 것이 좋겠습니다.

ⓠ 전문강사를 희망하는 분들께 추가로 조언을 주신다면?

첫째, 돈을 벌기 위한 목적보다는 지식을 전파한다는 사명감을 투철하게 갖기 바랍니다.

둘째, 자신의 콘텐츠를 지속적으로 업데이트하기 위해 노력해야 합니다. 책을 1년에 50권 정도는 읽으시길 권합니다.

셋째, 전달력을 높이기 위해 다양한 교수법을 익혀야 합니다. 항상 강의평가를 하기 때문에 좋은 콘텐츠를 갖고 있어도 전달력이 부족하면 퇴출될 수 있습니다.

넷째, 강사 스스로 많은 청중 앞에서 말하는 것을 즐길 수 있으면 더 좋을 것 같습니다.

헤드헌터 편
—

국내에 헤드헌터[8-1]라는 직업이 출현한 지 30여 년 정도 됐다. 아직도 일반인들 가운데는 헤드헌터라는 직업을 잘 모르는 경우도 있지만 이직을 한 번 이상 해본 회사원에게는 낯설지 않은 직업이다. 2장에서 잠깐 소개했지만 헤드헌터는 기업에서 필요로 하는 인재를 추천해주고 채용이 성사될 경우 계약에 따른 수수료를 받는 직업이다. 다양한 기업고객과 경력자들을 상대하는 일이기 때문에 주로 대졸학력에 기업경력이 있는 사람을 선호한다.

제2의 직업으로 헤드헌터가 매력적인 이유는 나이에 따른 제약이 적은 편이며 능력에 따라 높은 연봉을 받을 수 있다는 점이다. 또 회사에 따라 차이는 있지만 일반 회사에 비해 업무강도가 높지 않고 훨씬 자율적인 분위기인 곳이 많다. 게다가 헤드헌터라는 직업은 사람들의 인식도 좋은 편에 속한다.

헤드헌터의 주요 업무는 복잡하지 않다. 고객이 원하는 인력에 대한 정보를 주면 해당하는 인력을 빨리 찾아서 추천해주는 것이 핵심이다. 그러나 업무 프로세스가 단순하다고 해서 쉽게 성과를 낼 수 있는 일은 아니다. 헤드헌터는 기본적으로 스스로 고객사를 발굴해야 한다. 그런 점에서는 영업직과 비슷한 속성이 있다. 주로 채용을 진행하는 인사담당자가 영업대상이며 임원이나 팀장 레벨의 지인이 있으면 좀 더 쉽게 영업을 할 수 있다. 대기업이나 외국계 기업 등 헤드헌팅 서비스를 활발하게 이용하는 회사에 인맥이 많으면 영업에 상당히 유리하다. 반대로 기업체에 인맥이 없다면 타깃 리스트를 만들어서 직접 담당자에게 전화를 해야 한다. 일종의 콜드콜(cold-call) 방식의 영업으로 헤드헌터들이 어려워하는 부분이기도 하다.

어렵게 영업에 성공한다고 해서 바로 실적이 되는 것은 아니다. 인사담당자에게 인력추천 의뢰를 받으면 온라인, 동료 헤드헌터, 친구, 지인 등 할 수 있는 방법을 총동원해서 적합한 인력을 찾아야 한다. 헤드헌팅 경력이 적을수록 온라인 데이터베이스[8-2]에 의존하는 경향이 높고 특정 산업이나 직무를 진행한 경험이 쌓일수록 오프라인 인맥의 활용도가 높아진다. 어쨌든 고객이 준 요구사항에 맞는 인력을 찾으면 후보자를 만나서 지원의사를 확인한 후 고객사에 이력서를 전달하면 1차 미션은 완료된다. 하지만 채용과정 전반에 걸쳐서 복병이 존재한다. 어렵게 찾은 인력인데 서류전형에서부터 탈락이 되는가 하면 면접까지 잘 통과하여 최종 합격했는데 연봉협상 과정에서 조율이 안 되는 경우도 있다.

하지만 최악의 경우는 따로 있다. 일반적으로 헤드헌팅은 후보자가 최종 합격 후 출근을 해야 비로소 매출이 일어나서 고객사로부터 수수료를 받게 된다. 그런데 한 달도 채 안 돼서 후보자가 회사를 퇴사해버리는 문제가 발생하는 경우도 있다. 대기업보다는 중소기업에서 주로 일어나는 일인데 회사 분위기가 너무 생각과 다르거나 더 좋은 조건을 제시한 회사에 합격한 경우 헤드헌터에게 상의도 없이 회사를 그만두는 것이다.

헤드헌터라는 직업의 가장 큰 애로사항 가운데 하나가 이런 변동성이다. 마치 중매쟁이나 커플매니저 같은 역할을 하는 것이기 때문에 고객사와 후보자 양쪽의 속내를 아는 것이 중요한지만 이것이 참 어려운 일이다. 이런 변동성에 크게 스트레스를 받지 않아야 헤드헌터를 오래할 수 있다. 그러기 위해서 보다 세심하게 헤드헌팅을 진행하여 돌발상황을 최소화하거나 업무성과에 대해 새옹지마와 같은 마음으로 담대하게 대하는 것이 좋다.

헤드헌터의 연봉은 일반적으로 기본급과 성과급으로 구성되는데 회사에 따라 급여조건의 차이가 많다. 소규모 헤드헌팅 회사 가운데는 기본급이 아예 없는 곳도 있다. 규모가 있는 헤드헌팅 회사는 적더라도 기본급이 있는 경우가 많고 기본급이 높아질수록 성과급 비율이 낮아진다. 성과급은 보통 매출의 40~70퍼센트 선으로 고액 연봉자를 한 명 성사시키면 적지 않은 급여가 들어온다. 물론 제대로 실적을 내지 못할 경우 최저임금 수준의 연봉을 받을 수도 있다.

헤드헌팅 사업은 소규모 인력으로도 운영이 가능하기 때문에 10명 이하의 규모로 운영되는 곳도 많다. 어느 정도 인지도가 있는 회사들은 보통 30명~100명 사이의 헤드헌터가 있다. 사업특성상 무조건 직원이 많다고 좋은 헤드헌팅사라고 할 수는 없다. 직원 수보다는 얼마나 양질의 고객사와 전문성 있는 헤드헌터를 보유하고 있는지 여부가 중요하다. 헤드헌터를 하기 위해서는 온라인 구인구직 사이트의 공고를 보고 지원하거나 개별 회사 웹사이트를 통해 지원하면 된다. 일반적으로 헤드헌팅사에서는 대졸학력에 5~20년 정도의 기업경력 소유자를 선호한다. 인사, 영업, 개발 등의 직무를 직접 해본 경험이 있다면 헤드헌터 경력이 없더라도 지원 가능하다. 국내 헤드헌팅 회사는 대부분 오너가 직접 경영하기 때문에 각 회사마다 경영방식과 분위기가 천차만별이다. 따라서 자신의 코드에 맞는 회사를 찾기 위해 어느 정도 시행착오를 겪을 수밖에 없다.

헤드헌터는 장점과 단점이 명확한 직업이다. 영업과 인적 네트워크라는 측면에서 적극적인 성향이거나 기업에 인맥이 많은 사람이 유리하다. 대단한 경력이나 자격증이 필요한 것은 아니지만 다양한 업종의 전문 인력들과 교류해야 하기 때문에 산업과 직무에 대한 지식과 경험이 있으면 보다 프로페셔널한 헤드헌터가 될 가능성이 높아진다. 또 직접 채용을 진행하는 것은 아니지만 채용 전 과정에 있어 인사담당자와 호흡을 맞춰야 하기 때문에 인사(HR)업무에 대한 지식이나 경험이 있다면 도움이 된다. 이러한 요소들이 잘 맞는다면 제2의 직업으로 꽤 매력적인 직업이 될 것이다.

헤드헌터라는 직업의 숨겨진 매력이 하나 더 있다. 그것은 바로 헤드헌터의 업무가 고용전문가, 취업 컨설턴트, 진로상담사 등 취업/진로 관련 분야의 전문가가 되는데 밑바탕이 될 수 있는 유용한 경험을 제공한다는 것이다. 헤드헌터는 다양한 분야 종사자들의 이력서를 수도 없이 검토하고 그들을 직접 만나 이야기를 나눈다. 이력서에 쓰인 경력사항을 이해하고 분석하다 보면 특정 직업이나 직무에 대한 이해도가 높아진다. 또, 각 분야의 현업 전문가를 만나 이야기를 나누다 보면 업계 동향이나 기업의 내부 사정에 대해서도 해박해진다.

이것이 전부가 아니다. 여러 기업의 인사담당자를 도와 채용업무를 진행하다 보면 자연스럽게 업계의 채용동향까지 파악하게 된다. 이와 같이 헤드헌터를 수행하면서 얻게 되는 정보를 바탕으로 전직지원 컨설턴트, 채용전담 인사담당자, 공공기관 고용전문가, 취업 컨설턴트, 진로상담사에 도전한다면 숲과 나무를 동시에 볼 수 있는 뛰어난 커리어 전문가가 될 수 있다.

하정수(가명) 이사는 오랫동안 대기업에 근무하다 1년 전에 헤드헌터로 직업을 바꿨다. 아직 헤드헌터 경력이 많지 않지만 스스로 최적의 직업을 찾았다는 생각을 하고 있으며 동료들로부터 일을 잘한다는 평을 듣고 있다.

Q 헤드헌터를 하기 전에 어떤 일을 하셨습니까?

대기업에서 20여 년 일을 했습니다. 회사 차원에서 계열사를 몇 번 옮긴 적은 있지만 자의로 이직을 한 적은 없으니 한 회사에서만 일을 했다고 할 수 있겠네요.

Q 현재 하고 계신 일이 생애 두 번째 직업인 셈입니다. 과거 경력이 헤드헌터를 할 때도 도움이 많이 되는 편인가요?

물론입니다. 과거 경험이 현재 일을 하는 데 도움이 많이 됩니다. 헤드헌팅을 할 때 사업이나 직무, 그리고 조직문화에 대한 이해가 필요한데 대기업에서 다양한 업무를 수행했던 경험이 큰 도움이 되고 있습니다.

Q 대기업에 오래 계셨기 때문에 커리어에 대한 자부심도 꽤 있으셨을 것 같은데요. 헤드헌터로 직업을 바꾼 계기가 궁금합니다. 주변의 반대나 걱정은 없었는지요.

요즘은 대기업에 다니더라도 평생직장을 꿈꾸기 힘듭니다. 저처럼 한 회사에 20년 넘게 근무하다 보면 일을 잘하든 못하든 언제 회사를 그만둬야 하나 고민하게 되죠. 처음에는 이직을 해보려고 했지만 장기적인 관점에서 나이에 구애받지 않는 직업으로 전환하는 게 나을 것 같아서 헤드헌터에 도전하기로 결심했습니다. 사실 헤드헌터를 한지 1년이 조금 넘다 보니 지인 중에는 제가 직업을 바꾼지 아직 모르는 분도 있습니다.

Q 헤드헌터를 시작할 때 어려운 점이 있었다면요?

첫 성과가 빨리 나온 편이라 큰 스트레스는 없었던 것 같습니다. 아무래도 헤드헌터를 하다 보면 일반 회사원을 할 때보다 지인들에게 도움을 요청할 일이 많은 데요. 성격 탓인지 초기에는 이런 부분이 부담되더군요.

Q 헤드헌터라는 직업에서 요구하는 자질이 있다면 무엇인가요?

헤드헌터를 하다 보면 1대1의 관계를 잘해야 합니다. 사람과 사람을 연결해주는 일이기 때문에 무엇보다 신뢰감을 줄 수 있는 성향이어야 합니다. 또 채용을 하는 기업이나 지원한 후보자나 결국 여러 가지 요구조건이 맞아야 채용이 성사됩니다. 따라서 헤드헌터는 논리력이나 설득력이 있어야 합니다.

Q 헤드헌팅 업무를 크게 나누면 고객사를 확보하는 일과 적합한 후보자를 찾는 일이라고 볼 수 있는데요. 어느 쪽이 더 어렵다고 생각하시는지요.

사람마다 다르겠지만 저 같은 경우 새로운 고객사를 확보하는 일이 더 어려운 것 같습니다.

Q 현재 직업의 장단점이 있다면 말씀해주세요.

헤드헌팅 회사는 일반 회사보다 훨씬 자율적인 편입니다. 업무 스타일을 내 방식대로 조절할 수 있다는 것이 큰 장점 같습니다. 단점이라면 성과급 비중이 높다 보니 소득이 일정하지 않을 수 있다는 것입니다.

Q 누군가 헤드헌터라는 직업에 대해 물어본다면?

저 같은 경우 헤드헌터가 현재로써는 최적의 직업에 가까운 것 같습니다. 하지만 모든 사람에게 잘 맞을 수 있는 직업은 아니라고 생각합니다. 흥미, 적성에 잘 맞고 회사 경력이 충분히 있는 분에게는 제2의 직업으로 추천하고 싶습니다. 특히 제가 직접 해보니 나이에 대한 장벽이 매우 낮은 직업이라는 측면에서도 제2의 직업으로 매력이 많은 것 같습니다.

Q 끝으로 헤드헌터를 하려는 분들께 조언을 해주신다면요?

비즈니스 관점에서 헤드헌팅 사업은 레드오션(Red Ocean)에 속합니다. 하지만 경기와 관계없이 항상 이직하는 사람이 있기 때문에 최소한의 시장안정성은 확보된 영역이라고 볼 수 있습니다. 또 헤드헌팅이 밖에서 보면 단순해 보이지만 헤드헌터의 역량에 따라 일을 성사시키는 방식은 다양하기 때문에 역동성이 있는 일이라고 생각합니다. 헤드헌터가 되는 것은 쉬울지라도 우수한 자질을 갖춘 헤드헌터가 되는 것은 쉽지 않습니다. 그런 면에서 너무 젊은 나이에 헤드헌터를 시작하는 것보다는 회사 경력을 쌓고 시작하길 권하고 싶습니다.

사람과 인연을 소중하게 생각하고 이직이나 진로 때문에 고민하는 분들에게 도움 주는 일을 해보고 싶다면 꼭 도전해보시기 바랍니다.

공무원 편

—

  생애 두 번째 직업으로 공무원을 고려해보는 것은 어떤 면에서는 자연스럽고 또 어떤 면에서는 의아스러울 수 있다. 제2의 직업으로 공무원을 꿈꾸는 것이 자연스러운 이유는 사실상 나이의 상한 제한이 없기 때문이다.

  2018년도 서울시 7~9급 공개경쟁 임용시험 합격자 현황을 보면 20대가 약 66퍼센트, 30대가 약 27퍼센트, 40대가 약 5퍼센트이고 50대 합격자도 22명이나 되었다. 최고령 합격자는 9급 사회복지직에 지원한 56세 지원자였다. 비록 경쟁은 치열하지만 자격요건이 제일 까다롭지 않은 직업 가운데 하나이기 때문에 제2의 직업으로도 매력적이라고 할 수 있다. 반면에 어떤 면에서는 의아스러울 수 있다고 한 것은 공무원에 지원이 가능하다는 것과 실제로 공무원이 되는 것은 차이가 크기 때문이다.

지원하는 데 제약이 없는 만큼 공무원 채용의 경쟁률은 엄청나다. 2019년 2월 국가직 9급 공개채용 시험 원서접수 결과 약 19만 명이 지원해 39대1의 경쟁률을 기록했다(9급 시험의 경우 허수지원자가 많아 실제 응시율은 많이 떨어지는 편이라고 한다). 7·9급 채용의 경우 필기시험과 면접시험으로 나누어지고 보통 1.3배~2배수 사이에서 면접전형자가 결정되므로 필기시험에서 합격을 하면 최종 합격할 확률은 높은 편이다. 따라서 제2의 직업으로 공무원에 도전할지 여부를 결정하기 위해서 필기시험 합격 가능성을 먼저 생각해야 한다.

보통 20~40대1의 경쟁률을 보이는 시험이기 때문에 무척 어렵다고 생각할 수 있다. 하지만 그런 최악의 경쟁률에서도 공무원 시험을 두세 번 만에 합격하는 사람도 있다. 또 공무원 시험의 준비기간과 시험점수가 항상 비례하는 것도 아니다. 이는 경쟁률이나 준비기간과 관계없이 공무원 시험에도 잘 맞는 사람과 그렇지 않는 사람이 있을 수 있다는 것을 시사한다. 결국 공무원 시험에도 적성이나 성향이 맞는 사람이 따로 있을 가능성이 높다는 것이다(9급에서 5급으로 갈수록 이러한 부분은 더 중요하다). 9급직 필기시험은 주로 암기력, 부분적인 추론능력, 실수하지 않는 꼼꼼함을 요구한다. 따라서 사전에 모의고사 문제를 풀어보거나 시험을 1~2회 치러보면서 스스로 공무원 시험에 적성이 얼마나 맞는지 냉정하게 판단해볼 필요가 있다. 더불어 9

급 시험의 경우 단기전으로 생각하고 최대한 집중력을 발휘할 수 있는 환경이 뒷받침되어야 한다.

공무원에 도전할 것인지 결정하기 위해서는 알아야 할 것들이 많다. 먼저 근무지와 업무다. 공무원이라고 하면 대부분 행정직이나 민원업무를 생각하지만 세무, 관세, 통계, 검찰, 공업, 농업, 전산, 사회복지 등 다양한 직렬이 있다.[8-3] 지방직의 경우 구청이나 시청과 같은 정해진 지방자치단체 기관에서 일을 하지만 국가직의 경우 행정안전부, 국토교통부, 우정사업본부, 병무청, 경찰청 등 다양한 부처가 있다. 따라서 공무원에 도전하기 전에 자신의 특성과 처지에 맞는 부처와 분야가 어느 곳인지 꼼꼼히 확인할 필요가 있다.

다음으로 알아야 할 부분은 공무원의 급여체계다. 6급 이하 공무원은 호봉제이며 직종별로 11개의 봉급표가 있다. 봉급은 직무 특성과 재직기간 등에 따라 지급되며 일반직의 경우 계급별로 23~32개의 호봉으로 운영한다. 인사혁신처 웹사이트에 공개된 2019년 기준 일반직 9급 1호봉의 기본급은 1,592,400원이다.[8-4] 기타 수당을 포함해도 실수령액은 200만 원 안팎일 것이다.

많은 사람들이 공무원이란 직업의 장점 중 하나를 연금으로 생각하는데 은퇴 후 편안한 삶을 위해 장년이 되기까지 30여 년을 박봉으로 살아가야 한다는 점도 알아야 한다. 물론 공무원 월급이 민간 기업에 비교하면 초라한 것은 사실이나 회사원들보다 장기근속을 하기 때문에 생애 총소득 측면에서는 결코 초라하다고 할 수 없다. 결국 개인의 라이프스타일과 직업가치관에 따라 공무원의 급여체계는 장점이 될 수도 있고 단점이 될 수도 있다. 또 중년 이후에 공무원에 입직하는 경우 총 재직기간에 따라 연금혜택을 제대로 받지 못할 수도 있다는 점도 고려해야 한다.

공무원에 도전하기 전에 반드시 짚고 넘어가야할 부분이 하나 더 있다. 바로 조직 특성이다. 부처와 보직에 따라 차이는 있겠지만 공무원 조직은 당연히 보수적이다. 예전부터 공무원들의 보수성을 '복지부동'이라는 사자성어로 비유하곤 했지만 공무원들이 보수적인 것은 단순히 시스템이나 사람의 문제가 아니기 때문에 무조건 부정적으로 볼 수는 없다. 공무원은 국민이 낸 세금을 재원으로 수익이 아닌 공공성을 위한 일을 수행한다. 공공성을 지향한다는 것은 특정 집단이나 특정인의 편의를 우선하여 일을 할 수 없다는 뜻이다. 모두 만족을 시켜야 하는 상황에서 그 어떤 사람이 진취적이고 혁신적으로 행동할 수 있겠는가? 게다가 공조직은 기업과 달리 수익을 내기 위한 사업을 하는 것이 아니기 때문에 어지간히 자기주도적이 아닌 사람이라면 회사원보다 더 적극적으로 일하기 어렵다.

공조직에도 평가나 보상체계가 있지만 수익을 추구하는 기업처럼 강력할 수 없기 때문에 외적 동기를 극대화하기도 어렵다. 게다가 공무원은 그 어떤 직업보다 고용보장이 확실한 직업 아닌가? 이러한 요인들이 복합적으로 작용하여 공조직의 보수성이 만들어지는 것이기 때문에, 공무원이 되고자 한다면 일정 부분 타협을 해야 한다. 차라리 첫 직업부터 공무원을 하면 덜 하겠지만 회사생활을 오래 하다가 공무원이 되면 공조직의 보수적인 문화가 훨씬 더 큰 부담이 될 수도 있다.

또한 연금과 고용안정성이라는 강력한 장점 때문에 공무원이라는 직업에 지나친 환상을 가지고 있는 사람들도 많다. 지금은 직장이나 직업에 관계없이 무한경쟁 시대다. 밖에서는 잘 보이지 않지만 공직사회에서도 나름대로 변화를 위한 고민과 개혁을 시도하고 있다. 공무원이 되더라도 편안한 일만 할 수 없는 경우가 적지 않다. 여러분들이 공무원이 되어 "내가 낸 세금으로…"라고 하며 불만을 토로하는 민원인을 만난다고 가정해보라. 극히 일부겠지만 어렵게 공무원이 되었다가 스스로 사표를 내는 경우도 있다.

공무원이 되려면 경쟁이 치열한 필기시험부터 통과해야 하지만 공무원이 될 수 있는 길이 더 있다. 바로 특별전형이다. 2000년대 들어서 공공기관의 전문성과 역량을 강화하기 위해 특별전형을 통한 채용이 늘고 있다. 먼저 개방형 직위제를 살펴보자. 개방형 직위제란 높은 전문성이 요구되는 일부 직위에 한하여 경력과 역량을 중심으로 민간경력자를 채용하는 제도를 말한다. 개방형 직위제를 통해 채용되는 민간인은 보통 2~3년 계약직으로 근무하게 되며 부처나 직위에 따라 최대 5년 또는 그 이상 계약연장이 가능하다. 물론 계약연장은 변수가 많기 때문에 고용안정성 측면에서 단점이 있다. 따라서 계약기간 종료 후 경력을 어떻게 가져갈 것인지 큰 그림을 그려놓고 도전을 하는 것이 좋다. 개방형 직위는 민간경력자가 쉽게 경험할 수 없는 공직인데다가 실·국장 및 과장급(기업으로 치면 간부나 임원급에 해당) 직위가 많기 때문에 계약직이라 하더라도 향후 경력에 플러스가 될 수도 있다.

개방형 직위라고 해서 입직이 쉬운 것은 아니다. 경력 전문성과 역량을 최우선적으로 고려하기 때문에 실제 합격자를 보면 석박사 학위자나 대기업 임원 출신 등 해당 분야에서 평균 이상의 스펙을 가진 사람이 많다. 따라서 필기시험에 대한 자신감보다는 경력과 스펙에 강점을 가진 40~50대에게 유리한 전형이라고 할 수 있다.

개방형 직위 채용방식은 개방형 공개채용, 국민추천제, 정부 헤드헌팅 등 다양한 전형이 있다. 개방형 공개채용은 기업의 공채와 비슷하게 사전에 채용공고를 내고 서류전형과 면접전형을 통해 선발한다. 인사혁신처 사이트에 가면 그 해 상하반기 개방형 직위 모집계획을 확인할 수 있으므로 채용 일정에 따라 미리 준비할 수 있다. 2019년 상반기 개방형 직위 채용계획 공고를 보면 총 22개 부처, 38개 직위로 고위공무원단 14명, 과장급 24명을 채용하는 것으로 나와 있다.

국민추천제는 정무직, 개방형 직위, 공공기관 등 주요 직위의 공직 후보자를 국민들에게 직접 추천받는 제도로 2017년에 시작되었다.

이를 위해 인사혁신처에서 민간전문가 풀(pool)을 만들었는데 '국가 인재데이터베이스'라고 부른다. 자기추천 또는 타인의 추천에 의해서 국가인재데이터베이스에 등록을 해놓고 개방형 직위 채용 시 관련 부처에서 적합한 인재로 간주하면 후보자로 선발될 수 있다. 인사혁신처에 따르면 제도 시행 후 1년 동안 국장급, 과장급 개방형 직위 11명과 기타 직위로 40여 명이 넘게 선발된 바 있다고 한다.

정부 헤드헌팅이란 민간 전문가를 공직으로 영입하기 위해 관련 부처의 요청을 받아 인사혁신처에서 직접 적합한 인재를 찾아서 스카우트 제안을 하는 방식으로 민간 헤드헌팅 서비스와 유사한 채용 방식이다.

주로 5~9급직에 해당하는 일반 임기제 경력경쟁채용이란 것도 있다(계약기간 동안 근무를 한다는 면에서 앞서 소개한 개방형 직위도 일반임기제의 일종으로 볼 수 있다). 공무원 채용정보를 제공하는 나라일터 사이트에 가보면 각 기관별로 모집요강이 있으니 자신에게 맞는 공고를 찾아보자. 일반임기제 경력경쟁채용의 경우도 보통 2년 근무에 5년까지 연장이 가능하다. 다만 공무원임용령에 따르면 총 근무기간 5년에 이른 임기제 공무원의 성과가 탁월한 경우 추가 5년 범위 안에서 일정기간 단위로 근무기간을 연장할 수 있다고 한다. 따라서 운이 좋으면 최대 10년까지 근무기간 연장이 가능한 셈이다. 일반 임기제 채용의 경우 고위직 개방형 직위에 비해 계약연장 사례가 많은 편이라고 한다. 단, 계약연장에 대한 세부 규정들은 시간이 흐르면 변경될 수 있으니 관련법령인 국가공무원법이나 공무원 임용령을 확인해 보는 것이 좋다(국가법령정보센터 www.law.go.kr).

공무원이나 공공기관 채용의 경우, 일반 취업 포털사이트보다 국가에서 직접 운영하는 사이트를 활용하는 것이 좋다. [표 8-2]에 있는 사이트만 잘 활용해도 대부분의 정보를 얻을 수 있다. 지방공무원이나 지자체 산하 기관 채용의 경우 해당 기관의 홈페이지에만 공고가 올라오는 경우도 있다고 하니 틈틈이 자체 홈페이지에 가서 확인을 할 필요도 있다. 참고로 공무원은 중앙부처 및 산하 기관에서 일하는 국가공무원과 지방자치단체 및 산하 기관에서 일하는 지방공무원으로 나뉜다. 이와 달리 공기업과 같은 국가에서 지정한 공공기관의 채용은 민간인 신분이며 공무원을 뽑는 것이 아니다.

[표 8-2] 공무원 및 공공기관 채용 관련 사이트

나라일터: www.gojobs.go.kr
사이버국가고시센터: www.gosi.kr
인사혁신처: www.mpm.go.kr
잡알리오: job.alio.go.kr
클린아이 잡플러스: job.cleaneye.go.kr
국가인재DB: www.hrdb.go.kr

제2의 직업을 위한
제2의 이야기

지금까지 생애 두 번째 직업을 선택하기 위해 무엇을 어떻게 고민해야 할 것인지에 대해 이야기했다. 필자는 이 책 전반에 걸쳐 최적 또는 최선의 직업의 중요성을 강조했다. 그런데 직업에 관계없이 일을 잘하는 사람들을 분석해보면 그들만이 갖고 있는 공통점이 있다. 이제 마지막 장에서는 제2의 직업을 찾은 여러분들이 성공적인 커리어를 이어가기 위해 추가적으로 필요한 요소들에 대해서 알아보도록 할 것이다.

두 번째 도전을 위한
—
필수 아이템, 셀프리더십
—

이 책에서는 생애 두 번째 직업이라는 특성을 고려하여 1인 직업을 조명한 바 있다. 회사에 속해서 일을 할 때는 조직시스템에 맞춰서 일을 하게 된다. 하지만 창업을 하거나 혼자서 일을 할 때는 지시해주는 상사도 없고 업무시스템도 없다. 그러다 보니 타인이 아닌 나 자신에게 리더십을 발휘해야 하는 상황이 많아진다. 그런 의미에서 제2의 직업을 시작하는 사람들이 필수적으로 갖추어야 할 요소 가운데 하나는 '셀프리더십'(self-leadership)이라고 할 수 있다.

셀프리더십이란 한 사람이 바람직한 방향으로 행동하고 실천하기 위해 스스로 동기를 부여하고 자기를 주도하는 종합적 태도를 뜻한다.[9-1] 찰스 만즈(C.C.Manz)에 의해 정립된 개념으로 교육심리학, 경영학 분야에서는 오래 연구되어 왔다. 일종의 자기 자신에게 발휘하는 리더십으로 직업에 관계없이 맡은 일을 성공적으로 수행하기 위한 기본 요소라고 할 수 있다.

실제 상황에서 셀프리더십을 적절하게 발휘하기 위해서는 먼저 작동원리를 이해할 필요가 있다. 셀프리더십은 행동중심 전략, 자연보상 전략, 건설적 사고패턴 전략 이렇게 3개 요소로 이루어져 있다.[9-2] 행동중심 전략이란 '해야 하지만 하고 싶은 마음이 생기지 않는 일'을 잘 수행하기 위해 자신을 조절하는 행위를 뜻한다.[9-3] 행동중심 전략을 잘 활용하는 사람이 구체적으로 보이는 특성은 다음과 같다.

먼저 자신이 수행하는 일을 잘 해내기 위해 구체적인 목표를 세우고 그 목표를 달성하기 위해 끊임없이 노력한다. 또 자신이 하고 있는 일을 얼마나 잘하고 있는지 확인하며 진행 상황을 꼼꼼히 관찰하고 파악한다. 필요하다면 메모나 노트 등을 활용하여 중요한 일을 기억하려고 노력한다.

제2의 직업을 찾아야 하는 상황에서 자신만의 핸디캡이 있는 경우가 많다. 그러다 보면 급해지고 위축된 마음에 취업이 쉬운 일자리를 찾게 된다. 채용전형에서 여러 번 좌절을 겪게 되면 더욱 그러기 쉽다. 자신의 약점이 뚜렷하다면 오히려 행동중심 전략을 적극 활용해야 한다. 어느 정도 도전이 되는 목표를 세우고 그것을 실행하기 위한 구체적인 계획을 세워보자. 제2의 직업을 선택하는 과정부터 체계적으로 접근하고 구직 목표를 달성하기 위해 단계적으로 실행 전략을 짜는 것이다. 계획을 세웠다면 반드시 계획을 실행하는 정도를 체크해야 한다.

또, 행동중심 전략을 잘 사용하는 사람은 수행한 일의 결과가 좋지 않을 때 자신을 책망하기도 하며, 결과가 좋을 때는 자신이 좋아하는 방식으로 스스로에게 보상을 하는 특성이 있다. 상황에 관계없이 무조건 긍정하거나 부정하는 것이 아닌 객관적인 태도로 스스로에게 상과 벌을 주는 것이다. 이것이 가능하기 위해서는 자존감이 높고 이성적인 사고를 해야 한다.

어떤 직업에 종사하는 사람이라도 자기 자신이 일을 못한다고 생각하는 사람은 별로 없다. 소수의 고(高)성과자를 제외한 나머지 직원들은 대부분 평균은 한다고 생각할 것이다. 고성과자가 있다면 분명히 저성과자도 있을 텐데 말이다. 튼튼한 자존감을 바탕으로 때때로 타인과 비교도 하고 자기 자신을 의심할 수 있어야 객관적인 판단을 할 수 있다. 객관성 없이 스스로에게 상이나 벌을 주면 자만하게 되거나 자기비하를 하게 될 수도 있다는 것을 유의하자.

자연보상 전략은 주어진 과제나 일을 원천적으로 즐겁게 받아들이려고 노력하는 태도를 뜻한다.[9-4] 자연보상 전략을 잘 구사하는 사람은 어떤 일을 수행할 때 즐겁지 않은 측면에 초점을 맞추기보다는 즐기면서 할 수 있도록 자신만의 방식을 적용하는 특성을 보인다. 새로운 직업에 도전하다 보면 원래 생각과 달리 여러 가지 난관에 부딪힐 때가 많을 것이다. 무엇보다 업무방식이나 작업 환경이 익숙하지 않은 경우가 많은데 그런 상황에 불만을 키우기보다는 상황을 잘 분석해서 내 경험과 지식 가운데 활용 가능한 부분을 찾아내어 업무에 빨리 적응할 수 있도록 노력하는 것이 좋다. 자연보상 전략을 구하기 위해서는 평소 자신의 강점과 약점을 제대로 파악하고 있어야 한다. 어차피 피할 수 없는 상황이라면 약점 때문에 두려워하기보다는 강점을 최대한 활용해서 긍정적으로 돌파하자.

건설적인 사고패턴 전략은 성과에 긍정적인 영향을 줄 수 있는 습관적 행동을 일으킨다.[9-5] 건설적인 사고패턴 전략을 잘 활용하는 사람은 중요하고 어려운 일을 할 때면 자기 자신이 그 일을 잘 수행하는 모습을 마음속에 그려봄으로써 자기 확신과 긍정 마인드를 확산시킨다. 또, 어려운 상황에 빠졌을 때 자기 자신과 대화를 하며 용기를 복돋운다. 일을 추진하던 중 문제가 생기면 무조건 환경 탓으로 돌리려 하지 않고 자신의 신념이나 가정에 대해 냉정하게 평가하기도 한다. 늦은 나이에 새로운 일에 도전하다 보면 자신감이 떨어지고 걱정이 커질 때도 있다. 그럴 때는 먼저 과거에 성공을 경험했던 순간을 떠올려보자. 남한테 자랑할 만큼 거창한 성공이 아니라도 좋다. 그때의 긍정적인 기분을 되살려 현재 일을 하는 나의 모습에 투영시키자.

한동안 교육계에서 '자기주도학습'이란 용어가 크게 유행했던 적이 있다. 셀프리더십도 자기주도적으로 스스로에게 발휘하는 리더십이다. 셀프리더십의 핵심은 긍정마인드, 자기반성, 구체적인 계획, 실천력이다. 어려운 미션을 수행할 때일수록 자기암시를 통해 긍정적인 결과를 내는 모습을 그리면서 일하자. 명확한 목표 아래 구체적인 계획을 세워 실행하고, 틈틈이 객관적인 시각으로 자신을 반성하자. 지금까지 설명한 요소를 하나하나 설문문항이라고 생각하고 스스로 점수를 매겨보자. 나 스스로 평가해보는 것으로 끝내지 말고 나와 일을 같이 해본 사람들에게 점수를 매겨달라고 부탁하는 것도 좋은 방법이다.

셀프리더십은 교육이나 훈련에 의해서 개발 가능하다. 따라서 셀프리더십의 하위 요소 가운데 자신에게 부족한 부분이 개선되도록 습관화하는 훈련을 하는 것도 좋은 방법이다.

[그림 9-1] 셀프리더십의 이해

행동 전략	인지 전략	
행동 중심 전략	자연 보상 전략	건설적 사고 패턴 전략
• 자기 목표 설정 • 자기 보상 • 자기 처벌 • 자기 관찰 • 자기 단서	• 자연 보상에 집중	• 성공적인 수행 상상 • 자기 대화 • 신념과 가정에 대한 평가

출처: Manz &Sims 2001;Houghton & Neck 2002; Manz & Neck 2004; Neck &Houghton 2006

지능보다

성공지능이 중요하다

일반적으로 중년의 나이가 되면 인지능력이 하락하기 시작한다. 필자의 경우 청년 시절에 각종 적성검사에서 평균을 상회하는 점수를 받은 적이 많았다. 그런데 나이가 들수록 적성검사를 수행하는 것 자체가 힘들어져서 충격을 받은 적이 있다. 학창시절 받았던 지능검사를 지금 다시 한다면 십중팔구 그때에 한참 못 미치는 수치가 나올 것이다. 하지만 필자는 아직도 왕성한 직업 활동을 하고 있고, 매일 머릿속에 주체를 못할 정도의 새로운 아이디어가 떠오른다. 암기력이나 계산능력과 같은 능력은 점차 줄어들었지만 경험을 바탕으로 한 창의력이나 종합적 추론능력은 나이가 들어도 얼마든지 높아질 수 있다는 것이 학계의 정설이다.

우리 사회는 오랫동안 지능지수(IQ)가 높은 사람에 대해 지나친 신드롬을 보여 왔다. 특별한 성과나 업적이 없는데도 지능지수가 매우 높다는 이유만으로 천재라고 일컫는가 하면, 지능지수가 높을수록 그 사람의 잠재력도 높게 평가한다. 또 학창시절에 성적이 좋으면 어떤 식으로든 사회에서도 성공할 것이라고 믿는 경향이 많다. 조금만 신경 써서 주위를 돌아보면 지능이 그리 높지 않아도, 또 학창시절 성적이 뛰어나지 않았어도 성공하는 사람들을 어렵지 않게 볼 수 있는데 말이다.

사전에는 지능이란 문제해결 및 인지적 반응을 나타내는 개체의 총체적 능력이라고 기술되어있다.[9-6] 그런데 우리가 흔히 지능이란 의미로 사용하는 IQ(Intelligence Quotient)는 지능지수라는 형태로 표현되는 하나의 척도일 뿐이다. 문제는 이러한 고전적 개념의 지능지수는 주로 비활성 지능(inert intelligence)을 측정해왔으며, 비활성 지능은 사회적 성공과는 높은 상관관계를 보이지 않는다는 것에 있다. 필자가 상담을 한 내담자 중에도 상위 1~3퍼센트 안에 드는 높은 지능지수를 보유한 사람이 여럿 있었다. 하지만 그들 가운데 매우 평범한 학력을 가지고 있거나 대기업 경력조차 없는 사람도 있었다. 물론 지능이란 개념 자체가 잘못된 것은 아니다. 하지만 한 사람의 능력을 종합적으로 진단하지 못하는 지능이론이나 불완전한 검사에 지나치게 의존해서 인재를 못 알아본다거나 자신의 잠재력을 과소평가한다면 참으로 안타까운 일이 아닐 수 없다.

이런 현상을 누구보다 걱정했던 로버트 스턴버그(Robert J. Sternberg) 교수는 IQ 대신 '성공지능'(successful intelligence)이라는 개념을 제시했다. 스턴버그에 따르면 성공지능은 크게 분석적 측면, 창조적 측면, 실용적 측면으로 구성된다.[9-7]

분석적 측면은 전통적으로 지능 연구자들이 가장 주목해왔던 요소로 어떤 상황에서 문제를 제대로 인식하고 그에 따른 해결책을 제시하는 능력과 관련이 있다.[9-8] 재판, 의료, 컨설팅, 연구개발, 전략기획 등과 같은 일을 하려는 사람에게 분석적 능력은 중요하다. 공부를 하거나 전략을 짤 때는 이러한 분석적 능력이 많이 요구되고, 그런 상황에서는 분석적 능력이 뛰어난 사람이 좋은 평가를 받는 것은 당연하다. 하지만 사회나 직장에서 일어나는 또 다른 문제들은 분석적 능력만으로 해결하기에는 정형화하기 어렵고 복합적이다. 따라서 분석적 능력이 뛰어나다고 해서 모든 직업과 모든 상황에 최적의 인재가 될 수는 없다.

창조적 측면은 남들과 다른 아이디어를 내거나 새로운 접근방식을 취하는 능력과 관련이 있다.[9-9] 디자인, 문화콘텐츠, 자연과학, 연구개발, 마케팅 등과 같은 일을 하려는 사람에게 창의력은 매우 중요하다. 그러나 보수적인 환경에서는 기존의 틀을 깨는 창조적인 행동이 부정적으로 여겨질 수도 있다. 창의성을 가장 중시하는 예술 분야에서조차도 시대를 뛰어넘는 파격으로 사후에야 유명해지는 예술가의 사례를 볼 수 있다.

21세기 들어서 창의력이 강조되기는 하나 창의력은 분석적 능력이나 암기능력보다 지필검사로 평가하기 어렵다. 그래서 많은 기업이 창의력을 중요한 인재상으로 꼽지만 실제 채용에서 창의적인 지원자를 제대로 가려내지 못하는 것이다. 만약 창조적 측면에서 강점이 있다고 확신하는 구직자라면 일반적인 채용전형보다 파격적인 형태로 채용전형을 진행하는 회사에 지원하는 것이 유리하다.

성공지능의 세 번째 요소인 실용적 측면은 말 그대로 일상의 삶에서 가치를 만들어낼 수 있는 능력을 뜻한다.[9-10] 예를 들어 사람과 사람 사이에서 필요한 능력이라 할 수 있는 협업 능력, 커뮤니케이션 능력, 공감 능력과 같은 것도 실용적 능력이라고 말할 수 있다. 또 성실성, 도덕성, 사회성 등과 같은 인성적인 요소도 실용적인 능력이라고 할 수 있다. 실용적 능력은 서비스, 의료복지, 교육, 금융, 유통, 공공 등과 같이 주로 고객접점에서 하는 일, 그리고 협업이 중요한 모든 일에서 중요하다. 실용적 측면이야말로 오랫동안 간과되었던 지능요소라고 볼 수 있다.

주변을 한번 살펴보자. 명문대를 나왔다고 다 협업을 잘하거나 강의를 잘하는가? 분석적 능력으로는 둘째가라면 서러워할 법조인 중에서 상식 이하의 행동으로 사회적 물의를 일으킨 사례를 찾는 것은 어렵지 않다. 이렇게 단순히 공부를 잘하거나 검사에서 높은 점수를 받는 능력, 기발한 아이디어를 내는 능력만으로 설명할 수 없는 능력 가운데 하나가 바로 실용능력이다.

실용지능이 높은 사람은 분석적 능력, 창조적 능력, 실용적 능력을 상황에 맞게 종합적으로 사용할 수 있는 사람이다. 물론 직업에 따라 우선적으로 요구하는 능력이 다르기 때문에 분석적 능력이 부족한 사람이라도 창조적 능력과 실용적 능력이 더 요구되는 일을 한다면 충분히 성공 가능성을 높일 수 있다.

스턴버그 교수는 성공지능이 높은 사람들의 행동 특성도 정의하였는데 다음은 그중 핵심적인 부분이다.[9-11] 나 자신은 아래 항목 가운데 몇 가지나 해당되는지 체크해보자.

- 성공지능이 높은 사람은 적극적으로 해결안을 찾아 나서며 궁극적으로 역할 모델이 된다.
- 전제조건에 의문을 품으며 다른 사람도 그렇게 하도록 권장한다.
- 자기 자신은 물론 다른 사람이 실수하는 것도 당연하게 여긴다.
- 문제를 적극적으로 규정하며, 다른 사람들도 그렇게 하도록 유도한다.
- 창조성을 높이 평가한다.
- 창조적인 사람이 직면하고 극복해야 하는 문제점을 잘 인식한다.
- 자발적으로 성장한다.

• 사람-환경의 상보관계가 중요하다는 것을 인식한다.

성공지능이 높은 사람의 행동 특성을 종합하면 무조건 긍정이나 무조건 부정이 아닌 상황에 따라 긍정적 사고와 비판적 사고를 적절하게 활용하며 자기주도적이고 창조적으로 문제에 접근하고 스스로 해결책을 찾아내는 사람이라고 할 수 있다. 놀랍게도 앞서 소개했던 셀프리더십과 유사한 부분이 많지 않은가?

사회나 직장에서 성취를 하기 위해서는 고전적인 지능이 아닌 성공지능과 같은 실질적인 능력이 큰 역할을 하는 경우가 많다. 학창시절 공부를 못했는데 회사에서 영업실적이 가장 뛰어난 사원이 되었다거나 학교에서는 너무나 평범해 보였던 친구가 뛰어난 예능인으로 대성을 했다든지 하는 이야기들이 바로 성공지능이 높은 사람들의 사례라고 할 수 있다.

단순히 학력이 좋지 않거나 자격증이 없다거나 나이가 들어 인지능력이 감소한다는 이유로 움츠려 들기보다는 자신의 종합적 능력을 헤아려보자. 성공지능을 바탕으로 자신의 강점을 최대한 활용할 수 있는 직장과 직업을 찾는다면 여러분은 이미 성공의 길로 들어서기 시작한 것이나 마찬가지다.

1만 시간의 법칙과
—
진정한 전문가
—

하루 3시간씩 10년이면 몇 시간이나 될까? 대략 1만 시간이다. 한 가지 일에 최소한 이정도 시간을 투자해야 전문가가 된다는 것이 '1만 시간의 법칙'이다.

한때 각 분야의 달인을 소개하는 프로그램들이 인기를 끌던 시절이 있었다. 후진을 하면서도 놀랄 정도로 정밀하게 대형 버스를 운전하는 운전달인, 초밥에 들어가는 밥알 수를 정확히 맞추는 초밥달인, 마당에 적재된 자재의 양을 눈짐작으로 맞추는 계량달인 등 그들은 일반 사람뿐 아니라 같은 직업 종사자들도 놀랄 정도의 숙련된 솜씨를 보여준다.

하지만 20~30년 동안 한가지 일만 한 사람이 모두 달인의 경지에 이르는 것은 아니다. 오랫동안 한 직업에 종사하더라도 전문성이 쌓이는 정도는 꽤 차이가 날 수 있다. 적성에 맞지 않는 일을 하거나 수동적인 자세로 일을 한다면 아무리 시간이 지나도 진정한 전문가가 되기 어렵다. 1만 시간은 진정한 전문가가 되기 위한 필요조건이지 충분조건은 아닌 것이다. 그래서 우리는 단지 한 분야에 오래 종사했다는 사실만으로 스스로 전문가라고 자부하는 것을 주의해야 한다.

또 한 분야에서 성과를 낸 사람들 가운데 '성공'에 대한 자신감이 팽배한 나머지 다른 어떤 분야에 도전을 하더라도 자신이 충분히 잘해낼 것이라고 생각하는 경우가 있다. 주로 20~30년 된 경력자들을 상담할 때 목격한다. 그게 사실이라면 중년 이후에는 무슨 일을 하더라도 항상 성공할 수 있단 말인가? 사회경험이 많다면 기본적으로 노련함과 침착함을 갖출 수 있다. 하지만 그것이 곧 모든 일에 적성과 역량을 가지고 있음을 뜻하는 것은 아니다. 지나친 자신감은 곧 자만심으로 바뀔 수 있고 그러한 점이 중장년 베테랑들이 재취업을 하는 데 방해가 될 수 있다는 것을 기억하자.

과거에 아무리 화려한 경력을 가지고 있었다 하더라도 제2의 직업에 도전할 때는 적당히 겸손한 태도를 가지는 것이 좋다. 진정한 전문가가 되기 위해서는 자신이 잘할 수 있는 일과 잘하지 못하는 일을 구분할 줄 알아야 한다. 또 자신이 잘하는 일이더라도 더 높은 수준에 도달하기 위해 끊임없이 고민하고 발전하려는 의지가 있어야 한다.

의사가 되든 택시기사가 되든 직업에 관계없이 우리가 꼭 갖추어야 할 요소가 더 있다. 바로 직업철학과 소명의식이다. 아무리 의술이 뛰어난 의사라도 서울 강남의 유명한 병원에서 일을 할 때와 아프리카 오지에서 일을 할 때 최선을 다하는 정도가 달라진다면 그런 사람을 명의라 불러줄 수 있을까? 똑같은 택시를 몰더라도 난폭운전이나 승차거부를 하지 않고, 손님에게 부드러운 말투를 쓰며 목적지까지 정확하게 데려다만 줘도 갑질하는 대기업 회장님보다 훨씬 존경받는 직업인이 될 수 있다. 직업이 나의 수준을 결정하는 것이 아니라 일을 하는 나의 태도가 나의 수준을 결정하는 것이다. 따라서 진정한 전문가가 되기 위해서는 설령 돈이나 명예 같은 외적 동기가 없더라도 그 일을 최선을 다해 수행할 수 있어야 한다.

직업은 개인에게 경제적 소득과 자아실현의 수단이지만 그것이 전부가 아니다. 우리가 직업으로 하는 일은 모두 타인과 사회에 영향을 준다. 그래서 소명의식도 중요하다. 매일 새롭게 올라오는 기사를 살펴보라. 부정청탁을 받은 기업의 임원, 의료사고를 숨기려다 발각된 의사, 아이를 학대한 보육교사, 불법을 저지른 법조인…. 제대로 된 프로정신과 소명의식이 있는 사람들이었다면 일어날 수 없는 일이다. 청탁을 받을 수는 있으나 거절을 했어야 했고, 의사도 사람이니 실수를 할 수 있지만 스스로 인정을 했어야 했고, 아이가 너무 미워서 견딜 수 없었다면 보육교사를 그만두고 다른 일을 찾았어야 했고, 법조인이 불법을 저질렀다면 법조계 안에서 더욱 엄하게 다스려졌어야 했다. 그것이 소명의식이고 진정한 프로정신이다.

제1의 직업이든 제2의 직업이든 생계 때문이라는 핑계로 자신의 태만과 부도덕을 정당화해서는 안 된다. 보수를 전혀 받지 않는 자원봉사라고 해서 대충해도 된다고 생각하는 사람이 있을까? 하물며 돈을 벌기 위해 하는 모든 일은 프로정신과 소명의식을 가지고 해야 한다. 직업에 관계없이 자신의 일을 프로답게 수행하는 것만으로도 세상이 훨씬 더 밝아질 수 있기 때문이다.

직업의 이동,
그 후

　전작인《직업의 이동》(2015)을 쓴 지 4년이란 시간이 흘렀다.《직업의 이동》에 대해 좋은 평을 해준 독자들 가운데 조금 더 구체적인 지침서가 있으면 좋겠다는 의견을 제시해준 분들이 있었다.《직업의 이동》을 통해서 직업의 미래에 대한 큰 그림을 보게 되었다면 당장에 무엇을 어떻게 해야 할지 궁금해질 것이라고 예상했기에 반가운 소식이었다. 그래서 차기작으로 직업의 현재에 대해 초점을 맞춘 이야기를 쓰기로 결정했다. 그 결과 나온 책이 바로《제2의 직업》이다. 필자의 입장에서는 이 책이 직업 시리즈 2탄인 셈이다.

　두 번째 직업 이야기를 쓰게 되었지만 직업에 대한 책을 쓰는 일은 정말 어려운 작업이다. 가능한 많은 직업을 다루고 싶지만 독자들의 각자 상황이 다르기 때문에 대표 직업을 선정하는 것 자체가 쉽지 않고 정보 위주의 내용이 많을 수밖에 없다 보니 자칫 글이 지루해질 수 있다. 그렇다고 신생 직업에만 초점을 맞추다 보면 지나치게 미화하거나 '아니면 말고' 식의 이야기를 하기 쉽다. 게다가 어떤 직업을 소개하더라도 그 분야 종사자에게는 이미 다 아는 이야기일 수 있다. 이처럼 직업에 대한 글을 쓰는 일은 소설가가 느끼는 창작의 고통에 비견할 만하다.

이 책을 집필하면서 1,000페이지에 가까운 직업사전을 통해 1만 2,000여개나 되는 대한민국의 공식직업을 모두 훑어봤다. 하지만 모두에게 추천할 수 있는 제2의 직업을 찾기는 어려웠다. 나이 제약이 없으면서도 괜찮은 전문직이다 싶으면 취득하기 어려운 자격이 있어야 하고, 요즘 주목받는 첨단 기술 분야 직업이다 하면 관련 학위가 있어야 했다. 자격증이나 학력에 구애 받지 않으면서 좋은 직업이다 싶으면 관련 경력이 필수이거나 직접 고객을 찾아나서야 하는 영업/판매직 속성의 일들이 대부분이었다. 이것은 부인할 수 없는 현실이다. 결국 이 책은 정답을 알려주기보다는 정답을 찾아가는 방법을 알려주는 안내서라고 볼 수 있다.

《제2의 직업》이라는 책의 제목을 생각하면 자칫 직업 바꾸기를 권하는 책으로 보일 수도 있다. 하지만 직업을 바꾸는 것은 이직을 하는 것보다 훨씬 어려운 일이다. 그럼에도 불구하고 새로운 직업을 찾아야만 하는 경우가 있다. 그런 상황이라면 최선의 결과를 얻기 위해 모든 자원과 에너지를 투입해야 한다. 《제2의 직업》은 자신의 직업에 대해 진지한 고민을 하는 사람들이 최선의 결과를 얻을 수 있도록 도와주기 위한 책이다. 부디 이 책을 읽는 모든 분들이 행복한 삶의 근간이 될 수 있는 최적의 직업을 찾을 수 있기를 기원한다.

| 미주 |

* 참고한 문헌들

1장 지금 하는 일, 과연 언제까지 할 수 있을까?
〈1〉 통계청, 〈경제활동인구조사 고령층 부가조사〉
〈2〉 신선옥(2017), 〈은퇴와 관련한 중장년층의 고용현황 변화추이 분석〉, 한국노동연구원, 패널브리프 제 10호
〈3〉 한국경영자총협회, 〈2016년 신입사원채용 실태조사〉

2장 당신이 정말 좋아하는 일을 찾았습니까?
〈1〉, 〈2〉 미하이 칙센트미하이, 최인수 옮김(2004), 《몰입(Flow)》, 한울림
〈3〉 tbs방송, 〈e스포츠계를 이끈 테란의 황제, 포커플레이어로 돌아오다〉, http://www.tbs.seoul.kr/news/bunya.do?method=daum_html2&typ_800=8&seq_800=10318872
이투데이, 〈포커플레이어로 변신한 임요환〉, http://www.etoday.co.kr/news/section/newsview.php?idxno=1718906

4장 성공적인 이직과 전직
〈1〉 매일경제용어사전, http://terms.naver.com/entry.nhn?docId=18505&cid=43659&categoryId=43659
〈2〉 일하기 좋은 중소기업, http://goodcompany.korcham.net/
〈3〉, 〈5〉 통계청(2018), 〈2017년 기준 중장년층 행정통계 결과〉
〈4〉 신선옥(2017), 〈은퇴와 관련한 중장년층의 고용현황 변화추이 분석〉, 한국노동연구원, 패널브리프 제 10호
〈6〉 안준기·최기성(2016), 〈중장년층의 경력특성과 지원정책 방안〉, 한국고용정보원
〈7〉 통계청(2019), 〈2018년 하반기 취업자의 산업 및 직업별 특성〉
〈8〉 '기타민간자격'이란 표현은 공식호칭이 아닌 저자가 임의로 부여한 호칭임.

5장 창업도 직업이다
〈1〉 창업가는 직접 기업을 설립한 사람을 뜻하고, 기업가는 창업 여부와 관계없이 기업을 운영하는 사람을 뜻한다.
〈2〉 일부 검사는 기업가형으로 표시하기도 함.
〈3〉, 〈5〉 창업진흥원(2018), 〈2017년 창업기업 실태조사〉
〈4〉 Pierre Azoulay et al(2018). 〈Age and High-Growth Entrepreneurship〉, NBER Working Paper No. w24489

〈6〉, 〈7〉 김경필·한정훈(2018), 〈외식업 운영동향과 2018 경영실태〉, 한국농촌경제
연구원

〈8〉 남윤형(2016), 〈소상공인 회전문창업 실태와 해법의 실마리〉, 중소기업연구원,
중소기업 포커스 제16-3호

〈9〉 협동조합기본법 제2조 제1호

6장 1인 직업의 시대가 왔다

〈1〉 미국 재즈 문화에서 유래된 단어로 현장에서 즉흥적으로 팀을 만들어서 하는 공
연을 'gig'이라 부른다.

〈2〉 황준욱 외(2009), 〈프리랜서 고용관계 연구 '영화산업과 IT 산업을 중심으로'〉, 한
국노동연구원, 연구보고서, 2009-02.

〈3〉 김중진·박봉수·권순범(2013), 〈2014 우리들의 직업 만들기〉, 한국고용정보원,
23-33.

〈4〉 김소연(2009), 〈1인 창직시대 "두드리면 열린다"〉, 매경이코노미, 7월 29일,
http://news.mk.co.kr/newsRead.php?year=2009&no=402269

〈5〉 본격적인 인터넷 시대를 뜻함.

7장 뜨는 산업을 보면 제2의 직업이 보인다

〈1〉 지인배·김현중·김원태·서강철(2017), 〈반려동물 연관산업 발전방안 연구〉, 한국
농촌경제연구원

〈2〉 '반려동물 장례지도사'라고도 부른다.

〈3〉 이승렬·이용관·이상규(2018), 〈미래의 직업 프리랜서(I)〉, 한국노동연구원

〈4〉 통계청(2018), 〈귀농어·귀촌인통계〉, 통계정보보고서

〈5〉 농림축산식품부(2019), 〈2018년 귀농·귀촌 실태조사결과 발표〉 보도자료

8장 주목할 만한 직업 들여다보기

〈1〉 이들이 다니는 회사를 헤드헌팅 회사, 또는 서치펌이라고 부른다.

〈2〉 헤드헌팅사 내부DB 또는 사람인, 링크드인과 같은 구인구직 사이트

〈3〉 일반 회사의 직군, 직무를 공무원 조직에서는 직렬 또는 직류라고 칭한다.

〈4〉 인사혁신처 2019년 공무원봉급표, http://www.mpm.go.kr/mpm/info/
resultPay/bizSalary/2019/#pay2019_1

9장 제2의 직업을 위한 제2의 이야기

〈1〉 Neck, C. P. & Houghton, J. D. (2002), 〈Revised Self-leadership
Questionnaire〉, Journal of Managerial Psychology 17, 8.

〈2〉, 〈3〉, 〈4〉, 〈5〉 Manz, C. C. & Neck, C. P. (2004), 〈Mastering Self-

Leadership: Empowering Yourself for Personal Excellence〉, Pearson Prentice-Hall, Upper Saddle River, NJ.

〈6〉 두산백과

〈7〉, 〈8〉, 〈9〉, 〈10〉, 〈11〉 로버트 J. 스턴버그, 이종인 옮김(1997), 《성공지능》, 영림카디널

* 그림 출처

[그림 2-1], [그림 2-2], [그림 2-3] 저자 직접 작성

[그림 3-1], [그림 3-2], [그림 3-3] 저자 직접 작성

[그림 4-1] 통계청(2019), 〈2018년 하반기 취업자의 산업 및 직업별 특성〉

[그림 4-2] 저자 직접 작성

[그림 5-1] 중소벤처기업부&창업진흥원, 〈2017년 창업기업 실태조사〉

[그림 5-2] 통계청, 서비스업조사(시도/산업/매출액규모별 현황)

[그림 6-1] 저자 직접 작성

[그림 7-1] 통계청(2019)

[그림 7-2] 한국농촌경제연구원(2017), 〈반려동물 연관산업 발전방안 연구〉

[그림 9-1] Manz &Sims 2001; Houghton &Neck 2002; Manz &Neck 2004; Neck &Houghton 2006

* 표 출처

[표 3-1], [표 3-2], [표 3-3] 저자 직접 작성

[표 4-1] 고용노동부 정책자료

[표 4-2], [표 4-3] 저자 직접 작성

[표 4-4], [표 4-5] 고용노동부&한국고용정보원 임금근로시간정보시스템(www.wage.go.kr)

[표 5-1] 저자 직접 작성

[표 6-1] 저자 직접 작성

[표 8-1], [표 8-2] 저자 직접 작성

제2의 직업

1판 1쇄 인쇄 2019년 11월 10일
1판 1쇄 발행 2019년 11월 15일

지은이 신상진
펴낸이 김기옥

경제경영팀장 모민원 기획 편집 변호이, 김광현
커뮤니케이션 플래너 박진모
경영지원 고광현, 임민진
제작 김형식

본문디자인 디자인허브 표지디자인 블루노머스
인쇄·제본 민언프린텍

펴낸곳 한스미디어(한즈미디어(주))
주소 121-839 서울특별시 마포구 양화로 11길 13(서교동, 강원빌딩 5층)
전화 02-707-0337 팩스 02-707-0198 홈페이지 www.hansmedia.com
출판신고번호 제 313-2003-227호. 신고일자 2003년 6월 25일

ISBN 979-11-6007-436-9 (13320)